微表情心理学

人际关系中的
心/理/策/略

晓鹏 沐阳/著

WEI BIAO QING XIN LI XUE

中国纺织出版社

内 容 提 要

微表情是人们内心情绪的“阅读放大器”。一张面孔下有什么样的活动内容、情感表达，都可以通过微表情尽收眼底。在这个纷繁复杂、瞬息万变的现代社会中，我们时刻都要与他人进行沟通和交往。在这个过程中，只有正确地理解、识别微表情，我们才能在人际交往中始终立于不败之地。本书从人的外貌形象、衣着打扮、行为举止、言谈话语、兴趣爱好等多种角度入手，运用心理学的原理，结合实际案例，对人际关系中可能遇到的各种问题进行了详尽的解析，力图让读者能够迅速地提高人际交往的能力，掌握人际交往的主动权。

图书在版编目（CIP）数据

微表情心理学：人际关系中的心理策略 / 晓鹏，沐阳著.—
北京：中国纺织出版社，2014.5（2017.5重印）
ISBN 978-7-5180-0434-8
Ⅰ.①微… Ⅱ.①晓… ②沐… Ⅲ.①表情—心理学—通俗读物
②人际关系学—社会心理学—通俗读物 Ⅳ.①B842.6-49
②C912.1-49
中国版本图书馆CIP数据核字（2014）第020074号

策划编辑：关 礼 刘 丹　　责任印制：储志伟

中国纺织出版社出版发行
地址：北京市朝阳区百子湾东里A407号楼　邮政编码：100124
邮购电话：010-87155894　传真：010-87155801
http: //www.c-textilep. com
E-mail:faxing@ c-textilep.com
北京楠萍印刷有限公司印刷　各地新华书店经销
2014年5月第1版　2017年5月第5次印刷
开本：710 × 1000　1/16　印张：18
字数：195千字　定价：35.00元

前言

“微表情”作为一个心理学名词，可以反映出一个人内心的流露与掩饰。人们通过一些表情把内心的感受表达给对方看，人们做的不同表情、动作会“泄露”出其他的信息。正常的表情一般持续在1/2秒到5秒之间，有一个起承转合的过程。而微表情的与众不同在于持续时间较短，一般只有1/25秒至1/5秒。这种表情往往和欺骗联系在一起，无论是善意还是恶意。当人们试图掩饰、刻意隐瞒某种心理活动时，内心的真实想法反而可能通过微表情表达出来。

在生活中，我们几乎每天都要和别人打交道，因为每个人的性情、心理各不相同，更因为利益的驱使，很多人在和他人交往的时候都会带上面具，把自己隐藏起来。这样，就使得人际关系变得更加错综复杂。如果我们不懂得读人识人，不掌握和他人交往的原则和分寸，就会在人际交往中处处受制于人，甚至还会落入他人的陷阱和圈套，使自己蒙受巨大的损失。

著名身体语言学家乔·纳瓦罗曾经谈到过这样一件事：有一次他参加一个宴会，一位客人说他的孩子都找到了满意的工作，他心里非常高兴。但是乔注意到他在说这些话时绷着脸，颚肌明显萎缩，这让他非常怀疑。后来那位客人的妻子私下里告诉乔，他的几个孩子只是勉强度日子，工作并不理想。

据生理学家研究发现，人类的面部肌肉非常发达，能够做出各种各样的表情。古人曾经说过："身随心动。"我们心里想什么，面部就会做出相应的表情，可以说，表情是思维的画板，我们完全可以通过一些面部的小动作去观察一个人。

所以，从一个人的言谈举止中，观人于细致、察人于无形，你就能够轻易绕过生活中的险滩，躲过四处碰壁，使你能从容地融入这个社会，成为自己人生的主宰者。

人际关系是指社会人群中因交往而构成的相互联系的社会关系，属于社会学的范畴，常指人与人交往关系的总称，也被称为"人际交往"，包括亲属关系、朋友关系、学友（同学）关系、师生关系、雇佣关系、战友关系、同事关系、领导与被领导关系，等等。人是社会动物，每个个体均有其独特的思想、背景、态度、个性、行为模式及价值观，然而人际关系对每个人的情绪、生活、工作有很大的影响，甚至对组织气氛、组织沟通、组织运作、组织效率及个人与组织之关系均有极大的影响。

每一个人要想取得任何成功，都必须先学会处理人际关系，都必须处理好人际关系。尤其是当今社会，社会发展的速度越来越快，人际交往越来越频繁，如果我们处理不好人际关系，我们就可能会遇到很多麻烦。

那么，怎样才能处理好人际关系呢？现在，越来越多的人把心理学的知识引入到了人际交往的领域，我们认为这种方法是可行的，并且非常好。表面上看，交际是交际，心理是心理，两者似乎没有交集。但实际上并非如此，交际和心理两者之间存在着千丝万缕的联系。

从理论上讲，人们在相互联系、相互作用的活动中，自然会产生某种行为——交际，以及直接承受交际行为作用的心理——在这里，我们把这种心理称为"交际心理"。交际与交际心理存在着相互促进、互相制约的关系。一切交际行为既会促进交际意识的发展，又会调节交际心理；同样地，交际心理既是交际行为作用的结果，又可以影响交际行为的效果。交际行为反作用于交际心理，交际心理又引起某种反常的交际行为，这是符合人们的心理活动规律的。正视交际与交际心理的这种关系，对于提高我们的交际效率是非常有益的。相反，如果把两者割裂开来，我们的交际效率就会大大降低。

所以我们在日常的交际活动中一定要注意交际心理，要适当地使用一些交际策略和心理技巧，以提高我们的交际效率。那么，何谓心理策略？心理策略该如何应用？不同场合的心理策略的应用有什么值得注意的地方？这正是本书将要回答的问题。本书没有枯燥的专业术语，是一本通俗易懂、操作性强的“心理学励志读物”。

本书根据人际关系的内在结构，以心理学的视角，以具体、细腻、灵动、隽永的笔触，详尽地阐述了人际认知、人际印象、人际魅力、人际冲突、人际沟通、人际交往等原理与技能，融学理性、应用性、文化性和文学性于一体，不乏哲理与文采，耐人寻味。

本书以心理学的基本知识为依托，以心理分析为突破口，把对人际关系影响重大而又晦涩难懂的心理学概念掰开揉碎，并附以形象生动而又不失现实意义的故事加以说明，在做到实用性的同时又不失趣味性，是一本适合普通大众的心理学通俗读物，适合不同年龄层次、不同性别以及不同文化层次的人阅读。

真诚地希望这本书能帮助您解决很多人际交往中遇到的难题和麻烦。

晓鹏

2014年1月

目录

第 1 章

解开五颜六色的心灵包装——衣着打扮的心理暗示

只要你留意一个人的穿着打扮，就会发现他内心折射出的光芒。只要你对这些光芒加以辨别，就会窥探到他的内心世界。

第 2 章

隐藏在行为背后的心理密码——肢体语言中的心理策略

一个人要向外界传达完整的信息，单纯的语言成分只占45/%，另外55%信息都是由人们的肢体语言来传达。因此，我们应学会观察他人的肢体语言。

第 3 章

解答话外之音的玄机——言谈话语上的心理策略

世界上没有完全相同的两片树叶，更没有完全相同的两种声音，但“心由口出”，每个人的声音都在表达着他内心的想法！

第 4 章

破译日常行为密码——行为举止上的心理策略

人们在处理某些事情时，经常会做一些习惯性动作。其实，分析这些行为方式，正是洞察一个人心理全貌的密钥。

第 5 章

透知性格背后的秘密——兴趣爱好上的心理策略

兴趣是一种带有下意识特点的心理驱动力量。善于观察别人兴趣、爱好，并加以分析者，很容易发现这个人“背后的力量”——心理驱动力量！

第 6 章

揭开谎言下的真面具——洞悉假语的心理策略

如果说谎言是一面面具，那眼神、动作、神态就是内心形态折射出来的真实影像。为了自己不再被谎言欺骗，你一定要懂得从对方的眼神、动作、神态中判断出弦外之音！

第 7 章

职场瞬间增值法则——和领导搞好关系的心理策略

自己的建议或意见要如何说，领导才会更愿意采纳、接受。鉴于自己与领导既矛盾又统一的特殊关系，我们必须善于把握领导的心理，才能做到八面玲珑。

第 8 章

职场中的"载舟"法则——和下属搞好关系的心理策略

"水能载舟，亦能覆舟！"这句话准确无误地道出了领导与下属的关系。如何让水更好地载舟而不是覆舟呢？就要准确地把握水的流向，即你下属的心理。

第 9 章

职场中的依赖法则——和同事搞好关系的心理策略

同事是你每天都要面对的一个群体，如果不懂得如何与其交往，很显然，你就会被大家孤立。为此，我们必须掌握一些必要的心理法则。

第10章

职场中的影响力法则——和客户搞好关系的心理策略

跟客户搞好关系，是每个人梦寐以求之事。要想跟客户搞好关系，首先就要从对方的利益以及心理需求着手，了解其物质以及心理需求后，再对症下药。

第11章

生活中的“财富”积累法则——和朋友搞好关系的心理策略

朋友的关系，是在“互动”中联系和变化的，了解对方的心理需求，巧妙地加以满足，是保持朋友关系长久的良方！

第12章

社交中化敌为友的法则——和“敌人”搞好关系的心理策略

这里的“敌人”并不是沙场上，刀光剑影，持刀操戈的对峙者，而是一些隐藏在企业内部的竞争对手们。你要学会从心理上击败他们，让他们成为自己的手下败将！

第13章

迅速提升人际关系的搭桥法则——和陌生人搞好关系的心理策略

陌生人，是交际中一个非常特殊的群体，精明者，让陌生人成为了自己的朋友，让自己的路越走越宽；愚钝者，让陌生人成为了永远的陌生人，甚至成为自己的障碍。

第14章

爱情婚姻幸福的相处法则——和爱人搞好关系的心理策略

心理学对爱情，有着自己独到的见解，学习一些心理法则，让你在维系爱情的道路上，不再徘徊，而是更加得心应手！

第15章

屏蔽“危险”的识人法则——和小人划清界限的心理策略

在生活和工作中，最令人讨厌的莫过于“小人”。不过，只要你仔细观察，就会发现，小人并非防不胜防，也并非无坚不摧，你可以找出他们的“软肋”，然后对症下药，或是严加防范！

第1章

解开五颜六色的心灵包装
——衣着打扮的心理暗示

不知你是否留意，你身边的每一个人，无论是认识的，还是不认识的，他们的穿着打扮有的离奇古怪，有的传统古板，有的时尚潮流……因此，他们给人的感觉也是大不相同。有的人看起来活泼开朗，有的人看起来沉着稳重，还有的人看起来呆板乏味……让人产生这种感觉的奥秘在哪里？本章将为你揭晓！

服饰：思想、品位的折射

很多人认为，不应该以貌取人。的确，“看人下菜碟”的做法，在日常交际中是非常不可取的，但是，初次谋面，人们不可能一眼就看到你内心思想的光芒，而你的服饰，却往往给人留下很重要的第一印象。

古往今来，服饰一直是民族文化的象征，它代表着民族风情。但服饰，不仅是民族的，还是个人的，一个人的着装就是一个人内在的文化修养、审美情趣，以及气质、身份的明信片。因此，不同的场合，倘若一个人穿着得体、适度，总能给人留下好印象，而穿着不当，则会降低个人品位。美国的一位总统礼仪顾问就曾经说过：“当你出现在他人面前的时候，即使别人不认识你，但从你的服饰外表他们可以看出你的经济状况、受教育程度、可信任程度、社会地位、成熟度、家族经济状况，等等。”

服饰在我们生活中扮演着非常重要的角色，它是“无声语言”重要的一部分，它可见的色彩、风格，无声地传播着主人内心信息。因此，有人把它描述为“信息的载体”或“信息的暗示”。因此，服饰能为人们提供有关自我、角色、地位、个性的线索。换言之，服饰具有暗示作用，是一个人思想、品位的折射。

喜欢穿着时尚个性服装的人

这种人，往往比较有个性，通常不会在乎别人的眼光和观点，甚至对别人的指责嗤之以鼻。喜欢这类着装的人，多见于心态年轻的人。

喜欢穿着漂亮套装的人

这种人，非常注重自己的外表，而且常有很深的城府，希望通过自己的着装，给人留下好印象。当然，他们的努力也不会徒劳无功。这样的人士，给人的感觉往往比较干练，有主见，很有责任感。

喜欢穿着可爱洋装的人

喜欢这种打扮的人，往往给人洋气十足的感觉，让人觉得耳目一新。但是，这类人从心理上，更加渴望得到别人的理解、照顾和帮助。这类人，多半很注重身体的保养，重视自己的健康。

根据自己喜好选择服饰的人

喜欢这种着装方式的人，跟喜欢流行服饰的人是完全不同的两个派系，他们个性鲜明，且有着果断的决策能力，在遇到问题和困难时，一般都能独立应付。美国总统奥巴马的妻子米歇尔·奥巴马，就是这类人最为突出的代表。

喜欢穿着同一款式衣服的人

这类人性格直率，在与人交往的过程中，个性比较鲜明，往往有自己的观点和主见，十分明确是非、对错、爱恨。这类人，往往自信心很强，做事情果断、利落，是那种“言必信、信必行、行必果”的人。但这种人，最突出的缺点，就是常常自以为是，一意孤行，很难听进去别人的意见和建议，自我意识比较强。

喜欢奇装异服的人

这类人，主要是年轻人颇多，他们虚荣心非常强，爱表现和炫耀自己，如果搭配不合理，还往往给人一种“混混”的感觉。同时，这类人往往非常任性，甚至飞扬跋扈。他们自认为这样的打扮很个性，走在大街上，可以招致更多目光，其实，他们没有注意到，别人的目光背后，往往透露着不满和厌恶之情。重要的场合，很少有人穿成这样。

喜欢宽松自然打扮，而不讲究款式的人

这种人，多半性格内向，他们的自我意识一般很强烈，常常以自我为中心，别人很难介入他的生活圈。这种类型的人，不但不愿接触别人，对别人也有一种天生的排斥感。但是，你一旦打开他们的心门，走进他们的内心世界，他们就会非常珍惜与你的这份友情。也就是说，这类人的朋友很少，但是，他们的朋友却都是挚友。

突然改变服装嗜好的人

什么事情都不是一成不变的，人们对服饰的喜爱也是如此，随着时间的推移，人们对于服装的嗜好也会发生改变。但是，这种变化是渐渐的，甚至在很长的时间内，都不会发生改变，如果一个人的穿衣风格突然大变，那说明他最近一定遇到了一些事情，心情发生了很大的变化。倘若你熟悉的人中，有人出现了这样突如其来的变化，你就要留心他最近是否遇到了一些麻烦，或是受到了某种打击。这种变化，还传达出主人有新的构想和决心。

很多人认为，不应该以貌取人，的确，“看人下菜碟”的做法，在日常交际中是非常不可取的，但是，初次谋面，人们是不可能一眼就看到你内心思想的光芒，而你的服饰，却往往给人留下很重要的第一印象。不仅如此，日常生活中，你如果细心观察周围人的穿衣风格，然后跟他们的性格对应观察，你就会发现其中的玄机所在。

色彩：心灵颜色的反映

大家一定听说过“色彩心理学”，了解了色彩跟人们的心理关系后，你就会重新认识身边的一些人，判断他们到底是属于哪一类型的人，我们也可以从颜色来了解一个人的内心。

色彩，总是能在第一时间内，给人视觉上的冲击感。心理学家，更是将人们外在的色彩，看做心灵色彩的反射，认为人们对自己喜爱的色彩的偏执，可以体现出一个人的内心世界。其实，这话并不是空穴来风，日常生活中，我们也有所感触，喜欢黑色的人，跟喜欢白色的人，他们的性格特点，的确存在着很大的差异。因此，从一个人服装、配饰的色彩上，我们同样可以看出一个人内心的色彩。

喜欢红色的人

这种人，属外向型的人居多，他们大多比较感性，容易冲动，做事喜欢走极端，他们很注重追求精神生活。这种类型的人，在集体活动中有很强的组织能力，耐力通常也较强。

喜欢粉红色的人

这一类型的人，往往以女孩子居多，粉色属于暖色调的颜色，容易给人温和的感觉，让人觉得很容易亲近。他们大多举止优雅，注重礼仪，希望自己永葆青春美丽。但他们大都表面上看起来遇事冷静，一旦真正有事降临到自己头上，却又会表现得毫无主张，心智不成熟。

喜欢紫色的人

紫色，代表着尊贵，是贵族喜欢的颜色。喜欢紫色的人，往往给人高雅之感。但这一类型的人，往往对自己的理想无法持之以恒，很容易改变初衷，容易受人诱惑。他们虽能听取别人的意见，但常常被别人的意见所左右，无法冷静客观地正视自己的想法。

喜欢橙色的人

这种人，大多口才较好，善于辩论，性格开朗，说话幽默，他们大都不堪忍受寂寞的生活，喜欢交朋友。喜欢橙色的人，精力永远是那么充沛，不拘束。这一类型的人，还喜欢把自己的喜怒哀乐写在脸上，有很强的竞争意识，生活中，他们几乎对任何事，都不服输，对任何事情都喜欢主动出击。

喜欢黄色的人

喜欢黄色的人，绝对是个十足的“挑战者”，他们上进心很强，喜欢追求新事物，讨厌一成不变，总是表现出较强的好奇心，而且这一类型的人很理性。他们性格独特，在交际中，往往可以八面玲珑，成为焦点人物。大多是理想主义者，擅长制订各种计划，并一步步实现。但这类人，生活中常爱打小算盘。当然，虽说喜欢黄色的人，喜欢挑战，但他们也有自己懦弱的一面，喜欢依赖别人，心理上，有时还会表现出很强的孩子气，表现得心智很不成熟。

喜欢绿色的人

这一类型的人，是和平主义者，和周围的人很容易和睦共处。这一类型的人，个性率真，基本不会掩饰内心的想法，大多礼貌待人，对人坦诚，很少偏执于任何一种事物，崇尚自由。

喜欢褐色的人

很多人都说褐色是不讨人喜欢的颜色，可偏偏有些人对这种不讨人喜欢的颜色情有独钟。这一类型的人，大多性格倔犟，即使身处险境，也不会轻言放弃，但过于呆板是其最大的缺点。

喜欢白色的人

白色，总是给人很纯粹的感觉。喜欢白色的人，多半是理想主义者，无论是爱情，还是事业，都抱有较高的理想和追求。这一类型的人，大多怀有一颗温柔、善良的心，且家庭观念很重。但是，你一定要把喜欢跟向往区别开来，因为生活中向往白色的人很多，但他们并非真的喜欢，这种人，对美有一种天生的憧憬。

喜欢灰色的人

灰色，在生活中非常常见，大街上到处都是灰色的影子。喜欢这种颜色的人，大多性格内向，不喜欢张扬，凡事欠缺勇气，没有主见，但他们追求高雅，有较强的审美观，性格中还带着依稀的贵族气。比起其他喜欢抛头露面的人来，他们宁愿做衬托别人的绿叶，默默地支持和突出他人，显示出他们忠厚老实的一面，凡事喜欢为别人着想，与人方便。

喜欢黑色的人

黑色，很容易给人一种神秘感。日常生活中，总是不乏喜欢黑色衣服、配饰的人们，往往给人傲慢、冷酷的第一感觉。但是，接触后，你会发现，他们并非如此，相反，他们很多时候，会对别人存有戒心，害怕别人的伤害。因此，黑色是一个掩饰其内心脆弱的保护色。喜欢黑色的人，内心深处往往蓄积着一种表现自己的欲望，所以如果在别人面前显示出自己的潜能或魅力，并得到别人的赞许，他们就会变得心情愉快，格外自信起来！

人们对一种颜色的偏爱，往往是不会轻易改变的，尽管在交际场合，很多人，喜欢用色彩来掩饰自己，也就是说，我们很难单纯地从颜色来了解一个人的内心。但是，你如果能够设法了解对方喜好的颜色，对交往还是大有裨益的。

妆容：透露女人的内心

妆容，对一个人的整体形象，起着非常重要的衬托作用，妆容恰到好处的人，总是能给人留下完美的第一印象。交际中，通过一个人的妆容，你可以对其性格特点做出初步的判断，接下来的对白，你便可以在心中备词了！

出门前，很多人都习惯站在镜前，精心打扮一番，然后，才会信心满满地出门。这一日常动作，就体现出人们对自我妆容的重视。妆容，对一个人的整体形象，起着非常重要的衬托作用，妆容恰到好处的人，总是能给人留下完美的第一印象。但不管怎么说，自己是第一个审视自己妆容之人，在没有达到自己的满意程度时，是不可能出门的，既然是自己喜欢的妆容，除了场合的限制外，更多会透露出内心的秘密。

喜欢淡妆的人

这一类型的人，大多没有太强的表现欲望。公共场合，她们一般不会抛头露面。这一类型的女性，大多比较聪慧,不会将时间和精力都耗费在梳妆台前。她们往往怀揣自己的梦想，并且敢于为之奋斗。在她们的内心深处，大多藏着属于自己的秘密，也许连自己最亲近的好友都不愿意透露。她们最希望的是得到别人的尊重，希望别人对她们的难言之隐给予理解，很讨厌刨根问底之人。

喜欢浓妆的人

这一类型的人，跟喜欢淡妆的人恰恰相反，她们有很强烈的表现欲，在公众场合，她们喜欢出风头，希望自己能够成为焦点。前卫和开放，是这一类型的人的思想特征，她们往往对一些大胆，甚至偏激的行为保持赞赏的态度。

不喜欢化妆的人

在日常生活中，总是不乏一些喜欢素面朝天的人们。她们多半不太看重外在的表象，更加注重内在的修养，给人朴实无华之感。但是，这样的女性，往往没有姣好的容貌，她们更喜欢通过提高自身内在的修养，来提高自我价值。对待事物，她们坚持自己独到的见解，很多时候，会给人一种恃才傲物的感觉。

总而言之，一个人的妆容，除了受一些客观条件的约束外，更多是受其主观思想的影响。因此，交际中，从一个人的妆容，你就会对其性格特点，做出初步的判断，接下来的对白，你便可以在心中备词了！

T恤：透露一个人的个性与喜好

宽松舒适的T恤可以说是老少皆宜。过去，人们穿T恤的目的只是为了保暖和吸汗，可现在，人们已经把T恤当做一面公众告示牌，自己可以任意在上面留下或记录各种思想情节。所以，不同款式的T恤会反映出不同的性格。

T恤，是现代人最喜爱的服装之一，无论是走在大街上，还是走进商场，款式、质地、颜色各异的T恤总是让人目不暇接。但是，一件T恤摆在商场里，并不能体现它真正的价值，它真正的价值，只有在被人穿到身上后才能体现出来。而选择自己喜欢的T恤类型的人，也同时在向别人展示着自己的喜好、个性和品位。因此，我们可以通过T恤走进一个人的内心世界。

喜欢穿没有图案的白色T恤

这种人，往往比较叛逆，多有自己比较独立的个性，他们个性鲜明，除非迫不得已，否则，绝不会向世俗的潮流低下他们个性的头。他们在人群中，永远都是那么特立独行。个性，正是他们性格的写照，但是，这种个性的表现形式，却往往不是那么明显和恰当。

喜欢穿没有图案的彩色T恤

比起喜欢穿白色没有图案T恤的人，这类人显然低调了很多，他们的自我表现欲并不是很强烈，比起抛头露面，他们更习惯于默默无闻的普通生活。这种人多半比较内向，不爱张扬。他们最大的优点就是富有同情心，在自己力所能及的范围内，会尽可能地多去关心和帮助身边的人，而且不求回报。因此，跟这种人交朋友，您倒是大可放心，因为他并不善于算计和钩心斗角。

喜欢穿印有自己名字的T恤

这种人，多半思想比较开放、前卫，很容易接受一些新鲜的事物，比较自我。他们崇尚时尚，对一些陈旧迂腐的老观念，多持排斥的态度，甚至对此嗤之以鼻。正是由于他们思想的前卫和开放，为自己赚得了好人缘，有着非常好的人际关系。除此之外，这类人的自信心很强，头脑灵活，遇事能够随机应变，在不同的情况下，即使是非常棘手的事情，他们都能够找到应对的方法，把问题处理得非常圆满。

喜欢穿印有明星画像的T恤

这类人的骨子里多有不成熟的一面，多半是青少年般的追星族，他们执着于对自己偶像的无限崇拜，并把他们作为自己生活的目标，希望自己有朝一日能像他们一样大红大紫，能过上跟他们一样的生活，而且很乐于向身边的人表达自己的这种愿望。

喜欢穿印有一段幽默标语的T恤

这些人的性格，跟他们的衣服一样，具有一定的幽默感，而且总是给人一种很聪明和智慧的感觉。此外，这种人同样具有很强的表现欲望，希望通过自己的方式吸引别人的注意力。

喜欢穿印有学校名称或大企业标志的T恤

这一类型的人，从某个角度来说，非常爱自己的团体，跟自己的学校或是企业有着深厚的感情，并希望通过这种方式，让别人了解到自己的身份。当然，在一个不知名的企业里做一名极其普通的打工仔，是不会这么做的。因此，喜欢这么做的人，还能传达给别人一种张扬、自信的信息，对自己和自己的团体充满信心，希望通过这种方式吸引别人的注意，并吸引一些志同道合之士。

喜欢穿印有著名景点的T恤

这一类型的人，性格多半比较外向，喜欢旅游，对新鲜事物，同样有着很强的接受能力。而且，这一类型的人具有一定的冒险精神，有着很强的自我表现欲，时刻希望把自己所知道的一切传达给他人。

鞋子：传达心声的媒介

有人说，要看出一个人的秉性和品位，首先要看他的鞋子。可见，鞋子已经不再是纯粹用来保护足部，而是更能诉说出一个人的性格及心思的产物了。观察一下自己或身边的人，他们都喜欢穿什么样的鞋子呢？

我们观察一个人，首先会观察他的容貌，然后再观察他的衣着打扮。但是我们很少去观察一个人的鞋子，因为它紧挨着地面，我们要观察它就要低下头，非常费事。

其实，鞋子也能透露一个人的秉性和性格，在《灰姑娘》这个童话中，王子就是通过水晶鞋找到灰姑娘的。在英国女性中，更是流传着一种新鲜的择偶方式，她们只看对方一眼就可以确定对方是不是自己心目中的白马王子，而这一切，就是通过观察对方的鞋子来确定的。所以，我们可以通过对方的鞋子来确定他的秉性和性格。

通过鞋子看男人的性格可以从以下几个方面入手。

喜欢穿运动鞋的男人

这类男人大多积极乐观，为人亲切自然。他们喜欢自由，不愿意和那些心机很重的人相处。不过他们生活规律性不强，比较随便。

喜欢穿正统黑皮鞋的男人

这类男人通常非常传统，他们有充实的家庭生活，对待朋友也非常友好。此外，他们坚持自己的原则，很少为别人而改变。如果这个男人在休假或者约会的时候仍然穿正统的黑皮鞋，他很可能具有大男子主义倾向，即使他非常爱一个女人，也不会因她而改变自己的原则。不过他们非常看重自己母亲的意见，也许唯一能够改变他的人就是他的母亲。

喜欢穿休闲鞋的男人

这类男人幽默诙谐、态度温和，并且非常注重休闲生活，是那种很有品位的男人。他们主观意识非常强，对自己有着非常高的要求，对待异性更可以用“挑剔”两个字来形容。此外，他们无论做什么事情都喜欢掌握主动权，并且常常会有先入为主的想法，所以和他们交往的第一印象非常重要。

喜欢穿短靴的男人

这类男人感情脆弱，缺乏自信。他们把“得失”看得非常重，有时候虽然会做出叛逆的事情或者表现出不屑的态度，但是内心却并不是这样想的。他们很有安全意识，懂得把自己很好地隐藏起来。

通过鞋子看女人的性格可以从以下几个方面入手。

喜欢穿高跟鞋的女人

这种女人通常成熟大方、头脑聪明。在和别人交往时，她们比较坦诚，通常不会故意刁难别人。在对待生活和工作方面，她们对别人和对自己的要求都非常高，并且会全力以赴地投入。但是她们想要的东西太多，所以偶尔会因为没有满足而情绪欠佳。

喜欢穿靴子的女人

这类女人个性独立，喜欢自由，不愿意受到约束。一般来说，这类女人不是聪明有能力，就是相貌出众，所以，她们勇于表现自己，也容易成为男士追求的对象。不过这类女人看起来虽然很容易亲近，但是若真想赢得她们的芳心，必须具有真才实学才行。

喜欢穿休闲鞋的女人

这类女人警觉性强，很懂得保护自己，一般人很难看透她们的心思。她们的外表让人感觉非常坚强，但是内心却是非常脆弱的。在恋爱方面，她们很容易和男性打成一片，但是对于自己真正喜欢的那一个，反而会敬而远之，保持一定的距离。

领带："牵"出男人的个性

领带是男人的概念和风格，也是男人展现个性的方式之一。保守的个性、前卫的个性、权威的个性、沉默的个性，严肃的个性……这些我们都能迅速从男人所系的领带中领悟到。

领带最早发源于欧洲，并且有一个非常幽默的传说，据说领带是由女人发明的。由于她们非常头疼丈夫在吃饭时把衣服弄得油渍斑斑，于是就在丈夫的胸前挂一块布，需要抹嘴时就擦一擦。这种方法非常实用。后来经过改头换面，这块"餐布"就成为现在的领带，并且受到全世界男人的追捧。

因为男人在选择领带时也会加入自己的情感因素，所以我们可以从领带上看出一个男人的性格和本色。美国著名设计师莫利曾经说过："无论你喜欢与否，领带比你身上任何一个部分都能让人们判断——你的可信度、个性以及能力。"

喜爱条纹领带的男人

这类男人一般性格谨慎、诚实保守，十分重视自己的原则。在工作中，他们知识丰富、踏实肯干，很容易做出一些成绩。正是因为这种处世方式，他们很容易获得他人的信赖，并且会交到不少的朋友。不过这类人通常缺乏冒险精神，并且有时候会非常固执。

喜爱大花纹领带的男人

这类男人性格开朗，喜欢追求新鲜事物，好奇心非常强。他们是那种会玩的男人，在约会或者宴会场合很懂得营造气氛。不过他们常常感到欲望不能得到满足，并且具有消极的一面，诸如对金钱、工作的追求发生动摇等，这让他们深受折磨。此外，这种人也不适合做生意。

喜爱水珠花纹领带的男人

这类男人非常稳重，同时具有罗曼蒂克的浪漫气质，给人一种纤细、优雅的感觉。他们喜欢照顾家人和朋友，对他们温柔体贴。此外，这类男人对自己很有信心，也具有高超的判断能力。不过在做生意时，他们不善于命令别人，有时候让自己受到损失。

喜欢名牌领带的男人

领带对男人来说，是一种身份的象征。所以，喜欢名牌领带的男人大多非常在意别人的目光。如果一个男人能够把名牌若无其事地系在身上，则表示他正处在一种内心安定的状态；如果他的领带和衬衫及其他服饰不协调，则显示了这个男人的野心极大。

领带结打得又小又紧的男人

这样的男人非常瘦小，他们希望通过小而紧的领带结让自己显得高大一些。如果他们没有体形之忧，这类男人则大多气量狭窄、性格多疑。在工作中，他们谨言慎行，疑心非常大，并且容不得别人半点的轻视和怠慢。另外，他们热衷于物质享受，对金钱非常看重，是那种“一毛不拔”的人。

领带结打得既大又松的男人

这类男人通常有着风度翩翩的气质。他们情感丰富、追求自由，不喜欢受到约束。此外，他们非常喜欢和他人交往，并且有着高超的交往能力，所以很容易受到女性的青睐。

手表：隐藏在时间背后的性格特征

人们戴手表的习惯和爱好是由自己的性格决定的，所以很多人都会从手表的佩戴上去了解一个人。你身边那些喜欢佩戴手表的朋友，再次见到时，你不妨暗中窥探一番，分析一下他们到底属于哪种性格的人吧！

世界上没有完全相同的两片树叶，人更是如此，每个人的性格都是不一样的，以表为镜，你便可知其一二。

如今，手表不再是人们看时间的功用，很大程度上，成为人们的一种品味表现。通过它我们可以看出一个人对时间的看法，而一个人对时间的看法，又恰恰是他性格的一种表露方式。因此，从一个人佩戴手表的款式上，就可以了解到这个人大概是什么性格。

选择可显示不同时区手表的人

这样的人，爱做“白日梦”，脑海总是会浮现出一些不切实际的想法，做事也经常是三心二意，总是这山望着那山高，他们只是有自己的想法，但从不把这种想法付诸实际行动。因此，他们一旦遇到问题，是典型的逃避主义者。

选择怀表的人

这种类型的人，能够很好地掌控时间，有着很强的时间观念。生活、工作，无论多么紧张、忙碌，他们都会坦然处之，从中找到“偷懒”的闲暇片刻，因为他们永远懂得如何放松自己。这种人多半喜爱复古的生活方式，并善于把握自己的心境，喜欢收集一些远古时代的纪念品。他们举止高雅，富有耐心，喜欢通过鲜花、糖果和情诗的方式来追求浪漫，重情义，愿意花时间维持一份长久的关系，不是那种朝三暮四的人。

选择表面上没有数字的手表的人

这种类型的人，更多关心的是抽象概念，而不是实际的事物，他们非常擅长表达自己的观念，但自己认为没有必要把所有事情都解释得一清二楚。这种类型的人，逻辑思维能力较强，喜欢智力上的挑战，对一些益智游戏和数学问题情有独钟。

选择设计师专为自己设计的手表的人

这种人虚荣心较强，最关心的就是自己的地位和在别人心目中的形象。他们想通过自己手腕上的表，让别人觉得自己时间很宝贵，事实上，他们的时间并不是那么有限，甚至很宽裕。这种人，总是喜欢将一件事情很夸张地大肆渲染，希望通过这种方式吸引别人的注意，从而表现自己。他们往往自认为带了一只价值连城的手表而感觉高人一等，但别人并不会因此而感受到他的高贵气息，而是会觉得他们对时尚并不敏感。

不戴手表的人

这种人有自己的个性，而且非常欣赏自己的个性，会利用一切机会向别人表达自己独特的个性。他们非常不喜欢别人的束缚，崇尚自由，只喜欢做自己喜欢做的事。他们随机应变的能力比较强，而他们的自主也恰似是一种聪明的策略，渴望自己有机会和路上见到的每一个人结识和交往，所以他们的人际圈子很广。

选择闹钟型手表的人

这一类型的人有着极强的责任心，他们甚至在这方面有意识地培养自己，在他们的日历上，永远是大大小小的事情和截止日期，他们总是以一种直接而有计划的方式为追求成功而努力。这样的人，多半具有领导才智，能够高瞻远瞩，把事业放在第一位，习惯于按一定的规律、套路办事，多半事业有成，身边的朋友大多也是有智慧的人。

喜欢戴上发条手表的人

这类人的独立意识较强，不喜欢依赖别人。他们比较乐于从事那种很快就能见到成果的工作，比较看重自己所获得的成就感，而且，他们不喜欢一些轻而易举就能得到的东西，那样会使他们感到没有成就感。生活中，他们时刻表现得都比较独立，不习惯别人太多的照顾和关心。

喜欢稳重务实型手表的人

这种类型的人，多半会佩戴各种品牌的正装系列手表。尽管由于自己购买力的不同，表的档次也会有一定的差异，但他们的共同点，就是追求朴素踏实。在他们看来，戴上这样的一只手表，基本就可以使自己应付各种场合的宴会了。倘若喜欢这种类型手表的人是一位男士，他可算得上是传统意义上的好男人，生活方式简简单单，值得女人依靠和信赖。

手提包：浓缩在手间的心情

一个手提包摆在商场里，并不能体现它真正的价值，而它真正的价值，只有通过陪伴在主人身边时才能体现出来。而人们正是通过自己选择的手提包，向别人展示着自己的喜好、个性和品位。

在人们工作、生活以及学习中，手提包是非常重要的物品，几乎和人们形影不离。它们的主人走到那里，它们就会跟到那里。正因为手提包对人们如此重要，所以它们在某种程度上会向外界传达一些信息，有助于我们了解它的主人。

喜欢公文包的人

选择公文包很多时候是出于工作的需要，这说明它的主人大多身居某个企事业单位的管理层。如果是普通职员，他们工作的单位也应该是一家比较正统的单位。这类人通常进取心很强，对自己和他人要求都非常高。在说话办事的时候，他们通常会非常小心谨慎。

喜欢休闲包的人

这类人通常很懂得享受生活，对待生活的态度比较随意。他们积极乐观，不会苛刻过分地要求自己。但是他们也有一定的进取心，能够合理地安排好自己的工作、学习和生活，做到真正的劳逸结合。

喜欢小巧精致提包的人

使用这样提包的人大多是年轻的女孩。她们比较单纯，涉世未深。如果过了这样的年龄仍然喜欢这样的提包，说明她们性格乐观开朗，对生活持一种积极乐观的态度，并且对未来充满了美好的期待。

喜欢肩带式手提包的人

这类人通常性格比较独立，但是在言行举止等方面却相对保守和传统。他们的交际圈子一般很狭窄，朋友也不多。

喜欢超大型手提包的人

这类人通常自由散漫，喜欢过自由自在、无忧无虑的生活。很容易和别人交朋友，但是也容易和他人发生矛盾，使得朋友关系破裂。这是因他们的性格所导致。此外，他们缺乏必要的责任感，这也是很多人不能接受和容忍的。

喜欢金属质感手提包的人

这类人个性通常比较敏感，对新鲜事物的接受能力很强。但是他们的缺点是：总希望别人付出，自己却不轻易付出。

喜欢方形提包的人

喜爱方形或者长方形提包的人，通常比较脆弱，没有经历过什么挫折。在遇到困难和挫折的时候，他们很容易妥协和退让。

第2章

隐藏在行为背后的心理密码
——肢体语言中的心理策略

没有一个人说话的时候，只是在动嘴。人们说话时，要动用面部大部分的肌肉，这也是各种表情产生的基本原因。而且很多时候，即使别人不说话，我们也同样能够从对方的眼神、表情中看到他的内心世界，是喜、是悲、还是忧……除此之外，他不经意间的动作，也正在出卖他的心！

隐藏在不同笑容背后的秘密

笑，通常被认为是一种展示幸福与开心的信号。不过，很多笑容背后却藏着不同的秘密。有的笑容发自肺腑，有的笑容只是逢场作戏，有的笑容带着苦涩……如何去分辨？我们可以通过对方笑容的某些特征加以区分。

笑，是人们日常生活中非常普遍的一个动作，心理学家更是把笑看做是人类与他人交流的最古老的方式之一。但是，笑容的方式各异，人们很多时候，都无法读懂它背后的真正含义。这就像当你走进商场，服务员小姐马上用标准的腔调说道："欢迎光临！"与之同来的是嘴角泛起的一弯美丽的笑容。可是，又有几个人能够辨得出这个笑容是发自内心的欢迎，还是职业性的表演呢？于是，很多人在别人的笑声面前茫然了。对此，心理学家做出精辟的解释，他们认为，笑的不同形式表现了人性格的某一侧面，是人类感情的流露、个性的折射。以下就是他们对不同笑声做出的诠释。

时常捧腹大笑的人

这样的人，大多心胸开阔，很少掩饰自己的真实情感，开心的时候开怀大笑，不开心的时候，就会通过痛哭发泄自己内心的情感。他们通常很有个性，极少去附和别人，这些都表现了他们性格的直率。但由于自己性格的直率，往往很容易得罪人。在社交场合，由于他们看不惯虚伪的寒暄而常常碰壁。他们大多比较正直，从不嫌贫爱富，是很值得交往的一类人。

时常悄悄微笑的人

这类人，大多性格比较内向，很少在众人面前暴露自己，他们常常有自己的一个小小的私人世界，在那里，他们可以很冷静地思考，就像是众人皆醉我独醒，用极其冷静的目光看待周围的人和事，然后，做出自己的分析和判断，最后，才会做出自己的决定。他们很善于隐藏自己，绝对不会轻易地向谁吐露自己的心声。

喜欢狂笑的人

这类人的性格，跟他们的笑声极其相符，属于比较狂野的那种类型。在一般人的眼里，他们看起来比较冷漠，甚至有些木讷，可一旦刺激到他们的笑点，就会狂笑不已。这样的人，虽说在陌生人面前会表现得比较冷漠，不够热情，但对待自己的朋友，他们却又完全是另外一种态度了，他们重情义，为了自己的朋友，甘愿牺牲自己。所以，很多人都愿意跟他们交朋友。当然，他们交朋友是有一定条件的，不是任何人都能成为他们的朋友。因此，如果你的生活圈里有这样的朋友，不妨试着走进他们的心灵，一旦成为朋友，那就是你人生中不可多得的财富，应该好好珍惜和把握。

时常笑出眼泪的人

笑出眼泪，是因为笑的幅度过大。经常这样笑的人，他们的感情生活往往比较丰富，具有爱心和同情心，乐于助人且不求回报。这样的人，生活态度积极向上，有一定的进取心和上进心。

喜欢开怀大笑的人

这类人的性格不拘小节，动作大方。但忽冷忽热，遇有不如意的事，随即弃之不理，容易受他人的误解。在与众人接触之中，可以施展经商才能。

在服务业，必有一番表现。他们属于行动派，一旦做出某项决定，就会马上付诸行动，行动迅速而果断，决不拖拖拉拉。

小心翼翼偷着笑的人

这类人的性格，像极了他们的笑，为人处世总是那么小心翼翼。他们大多性格内敛，比较传统、保守，而且与人交往时，也难免羞怯。这类人，还喜欢在背后对别人议论纷纷。他们一般没有远大的理想和目标，一生都会在平庸中度过。

看到别人笑，自己也会随之发笑的人

这种人的性格往往比较开朗，属于感性化的人，他们的情绪波动较大，往往随环境的变化而此起彼伏。他们富有一定的同情心，对生活持有积极乐观的人生态度。

喜欢用手遮住嘴巴笑的人

掩口而笑的人，往往比较害羞，他们的性格大多比较内向，多见于女性，如果男性这样，给人的感觉就有些娘娘腔了。这类人不会轻易地向别人吐露自己的心声，对别人很有戒备心。

笑起来断断续续的人

这样的笑声，在生活中似乎并不多见，但是，在生意场合，这样的笑声，人们却是司空见惯，虽说在笑，但给人的感觉很假、很冷。这种人，往往比较现实和实际，观察力极其敏锐，通过别人的言行，即可窥见别人的内心世界。然后，投其所好，并找出对方的软肋，伺机攻之，最后，取得成功。

因此，当一个人冲你笑时，你一定要读懂笑容背后的真正含义，并不是每一种笑都代表着友好。通常情况下，一个人发自内心地微笑时，他的嘴部肌肉就会产生相应的运动，眼睛上挤，眉毛微微下弯。只要你稍加注意，一个人到底是真笑，还是假笑，还是有办法区分的。真笑时，人的嘴角会向眼睛的方向上扬。这时候，脸部表情是松弛的、舒适的，并且富有情感；假笑，就是人们常说的“皮笑肉不笑”，是一种讨好的笑，或者称其为“礼貌的笑”，嘴角被拉向耳朵的方向，但是，眼睛中不会流露出任何的表情；冷笑时，脸颊的肌肉会将嘴角向耳朵的方向拉动，从而使脸部表现出嘲笑的表情，这种举动，是表示对他人的蔑视，相对假笑而言，这种冷笑是比较好辨认的。了解了这些之后，在以后的交际中，透过他人堆积在脸部的笑容，可以让自己在交际中掌握更多的主动和先机。

爱幻想的人喜欢双手托腮

对于很多生活中看似非常简单的肢体语言，很少有人会有意识地去思考其中的真正含义。例如，一个人双手托腮倚在窗前看似再寻常不过，但我们很少去深究对方的内心与性格。本节与大家探讨的就是“双手托腮”这个动作，要知道在它背后我们能获知很多信息。

一个人精神抖擞、心情大好的时候，是不大会摆出“双手托腮”的姿势的，因为这样的姿势是一种替代行为，用自己的手代替母亲或是情人的手，借以表达自己渴望得到拥抱或是安慰。因此，摆出这种姿势的人，常代表其心中不满、心事重重，拖着腮沉浸于自己的思绪中，借此来填补自己心中的空虚和烦恼。但经常做出这种姿势的人，自己却有可能全然不知，他们很可能从未察觉自己喜欢摆出这样的姿势。至于原因，他们更是无从知晓。

仔细观察你身边爱双手托腮的人，你就会神奇地发现，这样的人，都有一个共同的特点，那就是非常爱幻想。

与人聊天时喜欢双手托腮

跟别人一起聊天，往往会有一些令你意想不到的有趣话题从他们的嘴里蹦出来。如果你发现对方正在双手托腮，百无聊赖地听你讲话，这就表示他觉得聊天的话题非常无聊，你的谈论内容根本没有办法吸引他。或者说，他根本没有心思听你讲话，而是正在思考着他自己的事情，希望这样的聊天赶紧结束。而如果跟你聊天的是你的恋人，表示他非常厌倦眼前沉闷的聊天，希望你能给他一个热情而温暖的拥抱！

平日里喜欢双手托腮

如果你的身边，有这样一些朋友，平日里非常习惯以双手托腮，表示此人经常心不在焉，对生活感到不满、空虚，喜欢幻想自己在某处能够找到幸福。但是，身边的人都清楚地知道，要想抓住幸福，不能只靠用手托腮幻想，而从不付诸实际行动。因此说，守株待兔是这类型人的最佳写照。与这种类型的人谈恋爱时，他会很强烈地渴望被爱，总是祈求得到更多的爱，而且很难得到满足，永远处于欲求不满的状态。

从另一个角度来讲，这种人非常喜欢沉浸在自己编织的世界中，常有一些不切实际的浪漫想法，因而觉得自己所处的实际生活毫无创意。具备这种性格的人，大多是一些温柔的女孩子，她们爱撒娇，随时需要呵护。但是，如果你正在跟这样的人谈恋爱，对她一定也不要过于宠爱，要注意拿捏好“爱”的尺度，适当地满足她的需求才是聪明之举。

倘若读过此篇的你发现，自己在日常生活中就经常做出托腮的举动，除了要自我检讨这种行为是否是因为内心空虚而产生的反射性动作外，生活中，还应尽量充实自己，让自己从幻想的边缘回到现实的生活中来，试着通过调整心态，来改善自己表露在外的肢体语言，给自己的生活添加更多的实际色彩，而非一味的幻想。

蓄意挑战的人常会双手叉腰

我们经常会看到有人做出双手叉腰的动作，这个动作有什么含义呢？有些观察家把这一举动称之为“一切就绪”，称为成功者的姿势，因为它显示出当事人对既定目标的志在必得，或是对某件事情有备而来。

生活中，我们经常看到这样的情形，孩子正在双手叉腰与父母辩解、运动员正在双手叉腰等待自己开赛的项目、拳击手在更衣室双手叉腰等待下一回合开战的锣鼓声、两个吵红了眼的人双手叉腰在吵骂，等等。在这些情形中，只要你稍加注意，就会发现，他们都会摆出同一个姿势，那就是“双手叉腰”。这一姿势表示着抗议和进攻。

有些观察家把这一举动称之为“一切就绪”，称为成功者的姿势，因为它显示出当事人对既定目标的志在必得，或是对某件事情有备而来。男人们也经常会在女性面前做出两手叉腰的姿势，以此充分显示自己的男子汉气概。但心理学家认为，这一姿势仍是“挑战”味道十足。

双手叉腰，表示对立

两手叉腰的姿势，能够让我们的身体占据更大的空间，同时，往外凸出的手肘就像武器一样，可以起到威慑他人的作用，阻止其他人靠近或者穿行于自己的领地。动物在搏斗或者向异性求爱的情形下，也同样会摆出让自己的身躯看起来更伟岸的姿势，如鸟儿会使劲抖动自身的羽毛，鱼儿会吸入大量的水使身体膨胀，猫和狗会努力竖起身上的皮毛，等等。而对于这些特征都不具备的人类来说，在感受到恐惧或者愤怒时，已经无法像远古时期的人类那样通过竖立自身的毛发来证明自己身躯的伟岸，但通过双手叉腰，仍然能够传递这样的信号。

双手叉腰，表示攻击

这一姿势是具有自信心和心理上优势的表示。如果加上双脚分开比肩略宽，就会使人的整个躯体看起来比较膨胀，往往存在着潜在的攻击性。倘若再加上脚尖拍打地面的动作，则暗示着领导力和权威性。这样的姿势显示出对战斗准备就绪的状态，牛仔们在枪战中就经常使用这一姿势。哪怕只是单手叉腰的动作，也仍旧会十分明显地传递出攻击性的信息，特别是当弯曲的手肘指向攻击对象时。

双手叉腰，成功者的特有姿势

双手叉腰的姿势，还被认为是成功者所特有的姿势，这些人，在向着自己的奋斗目标进发时，都非常喜爱采用这种姿势，在有些成功人士的照片中常常能见到这种姿态。此外，含有挑战、奋勇向前趋势的男士们，也经常在一些女士面前采用这种姿势，借此来维护自己的男子汉形象，表示自己好战的性格。倘若女人，采用这一姿势，给人的感觉会很不舒服，会给人一种霸道、母老虎、河东狮吼的感觉。

双手叉腰，具有很强的爆发力

有的人喜欢双手叉腰，无论是坐久了起来活动，还是跟朋友说话，都习惯于将两手叉在腰间。有的人甚至连走路时也不忘叉着腰，他们走起路来上体前倾，两手叉腰就像一个短跑运动员。这些人往往做事情有很强的爆发力。

当我们看到一个人两手叉腰的时候，应该结合具体情境以及他在此之前的肢体语言，来进行综合考量，这样才能保证我们对他的态度做出准确的判断。

眼神藏不住一个人的真实动机

在我们的肢体语言里，眼神所传递的信号是最有价值也是最为准确的，因为它是传达身体感受的焦点，而且瞳孔的运动是独立、自觉、不受意识控制的。因此，我们在观察一个人的内心时，首先就要观察他的眼睛。

如果我们喜欢看武侠小说，会经常看到这样的描写：这个人（通常是把自己隐藏起来的武林高手）衣着破烂，人也没有什么出奇之处，但是一双眼睛炯炯有神，锐利得如鹰隼一般。武侠小说家这样写是有根据的，因为眼睛是心灵的窗口，一个人的想法、精气神都会通过目光流露出来，是不能够掩饰得住的。所以，我们要想了解一个人，首先就要观察他的眼睛。

通过目光了解一个人

（1）自信的人，通常眼神坚毅、深邃，而自卑的人，眼神是晦暗、迷离的，他们一般不敢正视别人。

（2）志向高远的人，目光是执着的；而那些为人浅薄的人，眼神常常浮动。

（3）贪婪的人目光暴露，就像大灰狼看到小绵羊一样；自私的人目光内敛，就像怕别人看透自己的心思一般。

通过目光看清一个人心底的秘密

（1）一个人若是视线左右不停地晃动，这说明他是在冥思苦想某个问题。

（2）一个人若是一直盯着对方的眼睛，说明他心中一定是另有隐情。

（3）一个人若是斜着眼睛看人，说明他对这个人很感兴趣，但是又不想被对方知道。

（4）一个人若是在谈话时目光突然向下，说明他进入了沉思状态。

（5）一个人若是抬起目光看人，说明他对这个人充满尊敬和信赖之情。

（6）一个人若是迅速地看一眼异性后马上转移目光，说明他对面前这位异性非常感兴趣。

（7）一个人在谈话时若是注视着对方，说明他想强调自己所说的内容，并希望对方能够做出回应。

（8）一个人若是用目光俯视对方，说明他想要表示出一种威严。

防卫心较重的人喜欢双臂交叉于胸前

在生活中，很多男性都会摆出双臂交叉的动作，尤其是一些领导人物，对这个动作更是青睐有加。无论是从前面，还是从后面看，这种姿势都能为人营造一种拒绝、防御和否定的感觉。那么它的实际意义是怎样的呢？

无论是自己认识的人，还是不认识的人，只要他在你面前，摆出双臂交叉于胸前的动作，总是会给人一种拒绝、防御和否定的感觉。

标准的双臂交叉

这种姿势随处可见，不论在哪里都往往表明一种防御或否定的态度。当一个人置身于陌生人之间，或是排队等候电梯时所表现出不耐烦的时候，总是会双臂交叉，摆出这种姿势。这表示他对目前的状况很不满。

双臂交叉且双拳紧握

如果一个人，双臂交叉时且双拳紧握，这是一种敌意的、防御性的态度。呈现出这种姿势的人，往往伴有牙关紧咬和脸色发红。摆出这种姿势显然具有攻击性，表示他已经被某件事激怒。如果这时，你并不明其中道理，就应该采取谦和的态度，伸出双掌，手心向上，来探究原因。

双臂交叉且双手抓紧胳臂

除上述两种情况之外，还有一种双臂交叉的姿势，也较为常见，那就是抓紧胳臂的姿势。这种情况多见于医院里排队等候的病人或是在机场等候已经晚点的航班的乘客，很显然，这种姿势在表明他们的不满。因此，在社交的场合，如果你看到有这种预示着对方对你的谈话主题很不满，这时，你应转换自己的谈话方式或马上换个主题。

总而言之，无论是哪种双臂交叉的姿势，只要在社交中出现，都是不好的暗示，因此，当你跟一个人交谈时，如果发现对方摆出这种姿势，你完全有理由推测，你的观点得到对方的否定或是不满。如果这时候，他依然在口头上应和你，千万不要以为这是对你观点的肯定，如果这时，你依然毫无顾忌地夸夸其谈，恐怕就是在给自己设立更多的障碍。这时，较为有效的方法，就是走上前去，递给对方一杯茶、一本书或其他的什么东西，迫使其展开双臂接拿东西，这样一来，也会促使对方换种比较开放的姿势和态度。

不管怎么说，这种姿势给人的感觉很不友好，因此，生活中，尽量不要做出这样的姿势，很容易给人一种孤傲、难接近的感觉。如果一个人总是习惯性地将双臂抱于胸前，基本上属于防卫心较强的类型，无意间就在自己与他人之间设下了一道防线，将别人拒之门外的同时也使自己丧失了诸多可贵的交际机会。因此，友好才是生活的真正内涵，无论是语言，还是肢体动作，我们都应该以此为原则。

手比嘴更能表达心声

在日常生活中，绝大多数人都有几个自己所特有的标志性的手部动作或手势。例如，每当提到“拿破仑”，人们的脑海里就会浮现出这样一个男人的形象，他的双手插在上身马甲的口袋里，只留一个竖起的大拇指。类似的人物还有很多，为什么大家手部动作如此繁多，是因为我们的内心不同所致！

古人曾经说过：“十指连心。”当我们有了情绪、想法的时候，我们会本能地启动我们的双手去表达它们。据人体语言学家研究发现，手是人体中触觉最为敏感、肢体语言最丰富的地方，它比嘴更诚实，也更不会说谎。所以，我们要了解一个人，可以观察他的手势，从而捕捉到他发出的真实的信息。

双手抱头

这样的动作在商务会馆中经常出现。当一个坐着的人出现身体后倾、双手交叉于脑后的动作时，表示当事人非常舒适，处于支配的地位。例如，在开会时，主管可能会做出这样的动作，但是当公司老板走进来后，这样的动作马上就消失不见了。

伸展手臂

这样的动作也经常出现。有的人喜欢把手臂伸展开，放到其他椅子上。这样的动作表示了一种自信，就像在向人宣布：这是我的地盘。当被问到不自在的问题时，他的手臂会马上缩回来。

将拇指放进口袋

在站立的时候，有些人会把大拇指放进衣服口袋，而其他四根手指放在外面。这样做表示当事人感觉不舒适或者缺乏安全感。这样的做法，是一种极度缺乏自信的表现，职位较高的人应该避免这样的做法。

搓手

当处于怀疑或者压力状态下，人们经常会用一根手指去摩擦另一只手的手掌。随着形势变得更加严峻，当事人会将十指交叉，并且做出上下搓动的动作。通常做出搓手的动作时，表明当事人心情紧张或者非常不安。

抚摸颈部

在交谈的时候，经常有人做出抚摸颈部的动作：用手在颈部抚摸一下，然后再迅速地放回原处。当说话人做出这种动作的时候，虽然他说得非常自信，但情况并非如此。抚摸颈部是一种释放压力的行为，表明当事人不是十分自信。此外，当一个人心情紧张或者感觉有压力的时候，也会做出这样的动作。

用手支住头部

在谈话或者开会的时候，经常有人做出用手支住头部的动作。这样的动作表示当事人已经厌倦了，不想再听下去了。他们这样做，是为了不让脑袋低下去，或者在不知不觉中睡着了。一般来说，他开始会用手指支住下巴，随着厌倦情绪的增多，他会用手掌完全把脑袋拖住。所以，当人们做出用手支住头部的动作时，我们最好不要再说下去了。

嘴巴的动作反映内心的活动

嘴巴是宣泄个人情感的重要通道。当我们心情愉快、高兴、苦闷、烦躁的时候，我们不仅会用嘴巴把它们说出来，还会无意识地在嘴巴上做一些小动作。所以，我们可以根据这些小动作来观察一个人的内心活动。

我们可以根据一个人嘴部的一些小动作来观察其内心活动。因为嘴巴是宣泄个人情感的重要通道。

舔嘴唇

如果天气不是十分干燥，而一个人老是舔嘴唇的话，说明这个人正在压抑着因为兴奋或者紧张而引起的内心波动。比如，当NBA著名球星准备扣篮的时候，他们经常会做出舔嘴唇的动作。

嘴角向后

在与人交谈的时候，如果一个人的嘴角稍稍有些后翘，则说明他对对方的谈话非常感兴趣，正在集中注意力听对方的谈话。

嘴唇前撅

一个人出现嘴唇前撅的动作，可能是其内心产生了防卫之心，表明他对外界的信息持有怀疑的态度，并且希望对方能够做出肯定的回答。此外，嘴唇前撅也是一种撒娇的表现，我们要根据当时的情况再加以判定。

嘴角下垂

当一个人不开心时，他的嘴角会下垂，也就是我们经常说的撇嘴。据身体语言学家亚伦·皮斯研究发现，如果一个人总是有这样的习惯，他的嘴角就会永远保持这样一种姿态，给人一种没精打采的感觉。

嘴巴抿成“一”字形

当一个人把嘴巴抿成一字形时，说明他正在下决心，正在决定自己是否要做某事。在遇到重大决定时，很多人都会做这样的动作，并且这样的人通常比较坚强，有不达目的誓不罢休的精神。

用牙齿咬嘴唇

在交谈的时候，如果一个人用牙齿咬了嘴唇，说明他正在反省或者自嘲，也可能是在自我谴责，要根据当时情况再详加判定。

用手捂住嘴

当一个人见到陌生人时喜欢用手捂住嘴，说明这个人非常内向保守，具有害羞的情绪。如果在说话时用手捂住嘴，说明他说错了话，并意识到了自己的错误。张嘴伸舌头也有这方面的意思，表示后悔。

第3章
解答话外之音的玄机
——言谈话语上的心理策略

《红楼梦》中的王熙凤，随着一阵爽朗的大笑声，迎来了她的出场，正所谓未见其人先闻其声，以至于后人把这种独特的声音当做王熙凤的主要性格特征流传下来。可见，通过一个人的声音，我们便可以听出她的性格、品性。因此我们说，声音是了解一个人性格的重要凭据。

从幽默中辨别对方的动机

人的幽默里也藏着很多猫腻，如果你不加以仔细的分辨，就很有可能被一种表面的现象所迷惑，而使得自己“不识庐山真面目”。下面，我们就来看一下幽默里都藏着哪些不为人知的秘密。

北大教授孔庆东说过：“真正的幽默不是制造出来的，它是一种高级的智慧和高尚的人生态度的自然流露。如果人为地去制造，就容易变成无聊的滑稽表演。”看来，人的幽默里也藏着很多猫腻，如果你不加以仔细分辨，就很有可能被一种表面的现象所迷惑，而使得自己“不识庐山真面目”。下面，我们就来看一下幽默里都藏着哪些不为人知的秘密。

善用幽默打破僵局的人

这种人，大多善于随机应变，适应能力较强，头脑反应较快，有着强烈的表现欲望。他们大多处理问题的能力很强，因自己出色的表现，极其容易成为受众人关注的对象，这正好迎合了他们爱出风头的心理。他们希望通过自己的努力和表现，吸引别人的注意和得到别人的认可。

善于运用自嘲式幽默的人

善于运用自嘲式幽默的人，多半心胸比较开阔，能够接纳并采取别人的意见和建议，而且能够时常反省自己，进行自我批评，寻找自身的错误并进行纠正。也正因如此，他们才能不断取得进步，并最终取得成功。而且，这样的人有着一般人没有的勇气，因为进行自我嘲讽本身，就需要一定的勇气，不是一般人能够做到的。他们的这种气质，很容易让别人对他们产生一股钦佩之情，正因如此，他们都能够在朋友间保持良好的人际关系。

善于用幽默的方式嘲笑、讽刺别人之人

这类人，通常是比较自私的，他们从嘲笑、讽刺别人中，寻找乐趣，从不顾及别人的感受，他们在乎的只有他们自己。他们做人的原则就是“宁可我负别人，不可别人负我。”一旦有谁伤害过他们，他们总是伺机报复。他们嫉妒心很强，任何事都想抢先一步，但是，自身的能力又非常有限，因此，他们经常的做法就是，别人取得成果的时候，他们会故意加以贬低和嘲讽。这种人，几乎不会有真心朋友。

喜欢搞一些恶作剧的人

这类人大多热情大方、活泼开朗，生活得很轻松，即使有压力，自己也会想办法来减压。这类人，在生活中表现得比较顽皮，爱和人开玩笑，并且在这个过程中可以进行自我愉悦。他们平常看起来，大大咧咧，但是，一旦认真起来，就会投入自己百分百的精力去完成一件事。

从打招呼的用语中辨别他人个性

我们每个人都有属于自己打招呼的方式或习惯用语。有什么样的个性，往往就会使用什么样的习惯用语。换言之，我们可以从一个人的打招呼用语中，判断出他的个性，从而更好地与之交往。

见面打招呼，是人之常情，也是日常交际中的习惯用语。但是，美国路易斯维尔大学心理学家斯坦利·弗拉杰博士却声称，通过一个人打招呼的习惯用语，就能够辨别出他自身的很多东西。换言之，也就是每个人打招呼时的习惯用语，能够体现说话者的性格特征。

你好！

这是与人见面时，最平常不过的习惯用语，习惯这种打招呼方式的人，往往大脑比较冷静，但是，反应有些迟钝。这类人，大多能够把握自己的情感，不喜欢大惊小怪。他们对待工作勤勤恳恳、一丝不苟，深得同事和朋友的信赖，人缘很好。

喂！

与朋友打招呼，以这样的方式开头的人，往往比较达观，他们快乐活泼、精力充沛、思维敏捷、富有幽默感，且直率坦白，能接受别人不同于自己的意见，从不固执己见。

嗨！

这类人多半比较腼腆，且多愁善感，多见于女性。他们做事通常小心翼翼，比较安于现状，由于怕自己出错，很少去创新，缺乏开拓精神。她们平时表现得少言寡语，只有跟自己的知心朋友或是家人在一起时，才表现得比较健谈。

过来呀！

喜欢以这种方式打招呼的人，往往比较直接，办事果断，喜欢冒险和创新，并能从失败中及时吸取教训。

看到你很高兴！

这种人性格开朗，他们为人热情、谦逊，喜欢和各种人交朋友，很容易融入一个新的团队中。无论做什么事，他们都不喜欢袖手旁观，而是积极地投入其中。但是，这样的人经常爱幻想，很容易被自己感情的事所牵绊而不知所措。

有啥新鲜事？

习惯用这样的用语打招呼的人，往往好奇心极强，凡事都喜欢问个究竟，甚至很喜欢打探别人的秘密，背后对别人议论纷纷，很容易招惹别人的反感。但是，这类人办事时，计划周密、有条不紊，而且很热衷于物质的追求，并对此不遗余力。

你怎么样？

此类人很喜欢出风头，希望引起别人的注意，对自己信心满满。他们在决定对某件事付出行动前，不会轻易做出决定，总是经过反复考虑。他们一旦做出决定，就不会轻易改变，而是会全力以赴地去完成，有一种不达目的誓不罢休的精神。

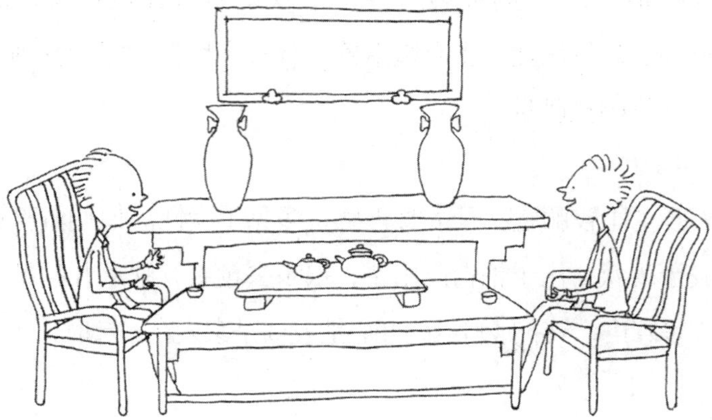

从谈事情场合的选择分析对方的处世方式

有人喜欢在办公室里谈事情，有人喜欢在饭店或茶艺馆……从不同的聊天场合我们能获知对方的处世方式吗？答案是肯定的，本节将为你一一列举。通过了解这些，我们在与客户打交道，与朋友交往时，心里的底气就更足了。

有些事真是奇妙，当我们处于懵懂状态没有去注意的时候，觉得它是再正常不过的事，几乎不会引起我们的注意。但是，一旦当我们关注起它们，便会觉得其中深藏着玄机。以人们的聊天场合为例，就各不相同，若不仔细分析，会很自然地把这看做一种习惯，甚至就是就个方便而已。当你一旦接触了心理学就会发现，选择何种聊天场合是不仅一个人性格的外在表现形式，也蕴涵着这个人的处世态度。

相约在办公室里谈事情的人

通常情况下，办公室都比较安静，无须大费周章地安排，就会呈现出工作的气氛。喜欢约在办公室谈事情的人，往往十分敬业，对人、对事都十分有诚意。他们在谈事情时，往往比较专注，不希望有人前去打扰和破坏了谈话的气氛。这种类型的人，在工作中往往比较自信，工作起来也会十分投入。所以，办公室成了他们认为最安全、可靠的谈话场所。

喜欢在饭店大厅里谈事情的人

饭店的大厅里，不乏这样的情景，桌上早已放凉的两杯咖啡，沙发上是两个谈得起兴的男人，他们滔滔不绝、侃侃而谈，早已忘记了桌上的咖啡和大厅里的服务人员。这一切，对于他们来说似乎根本不存在。由于过于投入，他们早已忘记了自己谈话内容是否应该保密。因此，这样的人多半比较大胆，不怕自己的隐私被人窃取。这样的人也比较自信，无论面对什么样的问题，他们都信心满怀。“车到山前必有路”是他们的座右铭，他们认为无论天大的事，只要自己去想办法，都可以解决。这也正是他们智慧超众的最为直接的表现。

喜欢在俱乐部或酒吧谈事情的人

这样的人大多比较张扬，沽名钓誉，做任何事都喜欢引起别人的注意。就好比在饭馆里点餐，明明再正常不过的菜，但为了证明自己很有钱，他们总是故意提高嗓门喊服务员来点餐，而且还愿意把自己的菜名大声地说出来。其实，他们这样往往适得其反，不但不能表现自己，反而给人一种很没有素质的感觉。因此，他们选择在俱乐部或是酒吧谈事情，为的就是满足自己的虚荣心，同时，借此提高自己的身份和对外的影响，在他们看来，这很有利于自己目标的实现。

喜欢在宽敞场所谈事情的人

这类人多半心胸开阔、乐观直爽，但性格中也有懦弱的一面。因为宽敞的场所，尽管宽敞，但是通常人很少，比如楼顶、阳台等。他们选择在这种场所聊天，一是比较安静，不会有人打扰；二是没有隔墙有耳的担忧。不必担心因此而给自己带来不必要的麻烦。尽管如此，这类人大多仍旧志向远大、目光长远，能够居安思危，给人一种沉着、稳重的感觉，他们中以男士居多。同时，他们也很善于掩饰自己的真情实感，不会轻易向别人敞开心扉，很难有人真正走进他们的内心，但是，一旦有人能够走进他们的内心深处，他们就会无比珍惜。

说话声音的变化可以反映人内心的变化

一个人说话语音、语调、语速的变化，大多是内心情绪发生了波动。我们要想知道对方内心的想法，还要根据当时情景以及场合，并且参考说话者的肢体语言以及说话内容，这样，才可以把握对方真实的想法，获得社交中的主动权。

一个人说话的语音、语调、语速基本上是恒定不变的。但是在某些时候，因为内心情绪的变化，说话的语音、语调、语速都会发生变化。我们完全可以根据这些变化了解他内心的想法。

一个人说着说着，突然声音变大了，主要有以下三个原因：

情绪非常激动

当一个人遇到高兴的事或者情绪激动（如气愤、愤怒等）的时候，他的说话声音会情不自禁地提高一些。

想说服对方

很多人都发现，大声说话是说服对方的很好“武器”，至少在气势上可以压倒对方。他只要把话说得够大声、够尖锐，就能给对方一种很自信的感觉，从而让对方同意并接受他的观点。例如，在辩论赛的时候，参赛选手的说话声音都会比平时要高。所以，当一个人说话声音突然提高，他可能是想说服你，让你接受他的观点。

想支配或者命令对方

当一个人想支配或者控制对方的时候，说话声音一般会提高一些。例如，经理可能会这样对下属说："我的话听到没有？"这时候的说话声音要明显比平时高。

一个人说话的时候声音突然变小了，主要有以下两个原因：

心中不安

例如，某公司会议上，销售经理让各个业务员汇报本月的销售额时。那个众多业务员中销售量最差的一个，当轮到他汇报时，会不由得将声音降得很低。

当一个人心中不安、心情紧张的时候，也会情不自禁地把声音放低。他希望对方听不到自己的话（当然，这是不可能的），以寻求心理上的安慰。

缺乏自信

当一个人没有自信心的时候，他也会把说话声放低。例如，我们问一个人："这件事能做到吗？"如果他有信心，他会非常大声地肯定；当他缺乏信心的时候，他就会把说话声压低。

一个人说话的语速突然变快时，主要有以下两个原因：

掩饰内心的不安

很多人说话突然变快是为了掩饰内心的不安全感。例如，当一个人的谎言被揭穿时，他会对自己的谎言加以解释，这时候他说话的语速会越来越快，借以掩饰内心的不安。

情绪激动

当一个人情绪激动的时候，例如，紧张、焦虑、兴奋、急躁、愤怒、恐惧，他说话的语速也会加快。

一个人说话的语速突然放缓时，主要有以下两个原因：

表达对他而言很重要的观点

当一个人说到对自己来说很重要的观点时，他一般会放慢语速，希望对方能够听清并且记住自己的话。例如，老师在讲课时讲到重点内容的时候，就会把说话的语速放慢。

困惑、难过或者忧伤

当一个人困惑、难过或者忧伤的时候，他的心情就会变得沉重起来，说话的语速也会放缓下来。

通过声调，了解他人

古人曾经说过"言为心声"。语言是情感的流露，而说话语调的高低、快慢，都体现着一个人的性格特征以及情绪的波动。只要我们认真倾听，就可以听出弦外之音，从而知晓对方真实的想法。

于某是一家大公司的老板，是一个豪气十足的男人。但是他的"大账房"刘先生却是一个说话嗫嚅、细声细气的男人，有些时候，你甚至听不清他在说什么。刘先生在于总手下干了二十多年，很多和他打过交道的人都反映："天下的会计多了，你为什么非让老刘做你的'大账房'呢？有时候我们都听不清他在说什么。"每次听到别人这么说，于总就哈哈一笑说："说话声音小好啊，这说明老刘小心谨慎嘛。"

一个人说话声音的高低也和他的性格紧密相连。我们还记得《红楼梦》中王熙凤是如何出场的吗？我们还没看见她的人，就已经听见了她的声音："我来迟了，不曾迎接远客！"——这种豪放不羁的说话声调把她那泼辣的性格向他人展露无遗。在生活中，我们也完全可以通过一个人说话声音的大小来判断他的性格特征。

说话声音洪亮、底气十足的人

这种人大部分是外向型的人，他们非常自信，也非常善于人际交往。因为他们在言谈话语中很容易给人留下一种积极稳健的印象，所以很多这样的人都成为单位的领导或者身居公司的管理层。美国总统奥巴马就属于这类人，他那洪亮、充满磁性的声音很容易打动听众，让人们为之而倾倒。

说话语气较轻柔的人

那些说话语气较轻的人，通常小心谨慎、口风密实，属于内向型的人。上文中的刘先生就是这种人，所以能够得到于总的信任。但是如果一个人说话有气无力，同时出现语调不平稳、话语不清的情况，则反映出他的胆小或者过度收敛。这种人一般比较悲观，境遇也不会太好。

说话声音沉稳有力、语速适中的人

这种人通常有着极强的控制欲和领导欲，并且做事极具信心和勇气。此外，这种人的精力也非常旺盛，他们愿意为自己的理想吃苦受累。这类人中，很多都做到了公司的管理层。但是他们的支配欲望非常强烈，很多时候，他们会把自己的想法强加给别人。

说话语调抑扬顿挫、节奏分明的人

这种人说话就如唱歌一样，给人一种美的享受。从某种程度上来说，他们是天生的演员，有着极强的表现欲望，并且喜欢孤芳自赏。另外，在和他们相处时，我们要多些心眼，因为这类人大多为人处世都非常圆滑。

说话缓慢、语气低沉的人

这种人通常疑心非常大，很难信任别人。在和别人谈话时，他们会一边考虑一边说，所以语速很慢，声音也非常低沉。另外，这类人通常比较执拗，有自高自大的倾向。和他们相处，是一件很困难的事情。

说话声音尖锐刺耳的人

这类人的性格通常和他们的说话声音一样，比较古怪复杂。此外，他们悟性通常非常差，很难把握自己的言行举止，所以也很难给大家留下好的印象。

说话声音娇滴滴的人

如果说话的是女性，她们一般非常渴望得到众人的喜爱。但是她们往往心浮气躁，有时候还会因为刻意引起别人的注意而让大家觉得讨厌。如果男性发出这种声音，他们多半是在父母娇生惯养下长大的孩子。这类人的性格通常优柔寡断，缺乏自信和勇气。他们在独处时常常感到寂寞，但是在和女孩相处的时候，他们又会感到紧张和不自在。

口头语彰显一个人的个性

一位知名人类行为学家曾说过："人类有两种表情，一种是脸上所呈现的表情，另一种是说话时传达给对方的信息。"可见，语言是人类的第二表情。而语库中提用率和重复率较高的口头禅，就是心灵的密码，它具有某种心理投射功能，在一定程度上揭示了说话者的内心世界。

口头禅是人们说话习惯的一部分，是说话人在生活中不自觉形成的一种特有的说话方式，带有很深的性格烙印。例如，"中国飞人"刘翔的口头禅是"对"，他经常用"对"来断句、过度，显示出内心的自信，以及对他人所抱有的善意和期望；再比如刘德华的口头禅是"不要啦"，用这种温柔的方式来否定，显示出他内心中有很多拒绝的声音，希望媒体和影迷能够网开一面，不要对他的私事过多的纠缠。

我知道、我明白、我理解

说这类话的人都非常聪明，往往能够举一反三、闻一知十。他们的逻辑能力非常强，反应也非常机敏，往往能够从说话人的言谈话语中领悟到对方的意图。不过这类人也有其固执的一面，有时候对自己很自信，无法听进别人的劝告。

我要、我想、我不知道

经常说这类话的人大多思想单纯，他们做事的时候喜欢意气用事，并且平时的情绪不是很稳定，有时候让人有一种捉摸不透的感觉。

可能是、也许会、大概是、差不多

爱讲此类口头禅的人自我防范意识特别强，他们通常比较老练，懂得含蓄自卫，在待人接物的时候能够保持冷静，所以在人际关系方面处理得非常好。这类口头禅有一种以退为进的意味，很多政治人物都喜欢用这样的口头禅。

这个、那个、啊、呀、哦、嗯

爱使用这类口头禅的人可以分为两种：第一种思维反应较慢，他们在讲话时总是理不清思路，所以经常用停顿、缓和的语气词；另一种人则恰恰相反，这种人做事谨慎、城府较深，他们经常使用这类语气词是为了谨慎思考，以防自己说错话。

说真的、老实说、的确、不骗你

常说这类口头语的人通常缺乏自信，他们总担心别人不信任自己，所以一再强调事情的真实性。这类人性格通常有些急躁，希望得到朋友的认可和信赖。不过他们越这样再三强调，越发让人觉得可疑。

你应该、你必须

经常使用这类口头禅的人，大多比较专制、固执，他们总想让别人完全受自己驱使，有着非常强烈的领导欲。

好啊、是啊、对啊、有道理

经常使用这类口头禅的人通常比较圆滑，甚至有些阴险。他们用这些口头禅表示出顺从的意思，让别人对他们毫无防范。等到对方信以为真，把掏心窝的话讲出来后，他们会抓住对方的弱点，以后用来对付对方。这类人通常看似很温顺，但是你若损害了他们的利益，他们马上会变换一张嘴脸，与你反目成仇。

据说、听说、听人说、一般来讲

经常使用这类口头禅的人通常比较圆滑，精于人情世故。他们在讲话的时候故意遮掩，处处给自己留出余地。

从客套话中辨别对方的真意

在人际关系中,最容易被破译密码的语言，就是客套话。客套话的存在，是社会发展的必然结果。适度的礼貌，是维持良好人际关系的方法之一。但是，客套话要运用得当，过分牵强而显得不自然的人，说明此人别有用意。

和西方人不同，中国人非常善于讲客套话。例如，你和某个人初次见面，对方很可能会说："久仰、久仰。"如果你认为他真的仰慕你就大错特错了，他很可能连你的名字都没有听说过。所以，客套话有礼节性的东西在里面，但是存在一定的蒙蔽性，如果不能"闻弦歌而知雅意"，很可能会闹出笑话来。所以，我们要对这些客套话加以区分：

光说不做必是空话

周末小王到同事家去玩，到了晚上吃饭的时间，小王起身告辞。同事的妻子说："晚上在这吃吧，别走了，我这就去买菜。"小王说："谢谢了，不过我家里还有事，下次吧。"

故事中的小王的做法是正确的，他听出了对方留他吃饭只是客套话，并不是出自真心。如果对方真的想留他吃饭，早就去准备饭菜了，不会等到吃饭的时间才提出去买菜。所以，我们在听别人讲话的时候要听其言、观其行，不光看他怎么说，还要看他怎么做。

客套话说得太过的人可能别有用心

我们都看过赵本山和高秀敏演的小品《拜年》。小品中的赵本山和高秀敏所扮演的人物为了求乡长办事，说出了下面一段话：

高秀敏：不，不，我们没啥事儿，我们那都是小事儿，乡长你说你这一年这事儿太多了，你给咱们全乡办了多少好事啊？你说从普及科学种田，到开发粮食项目，你今天去银行，明天跑科委。你真是操碎了心，磨破了嘴，身板差点没累毁。

赵本山：还给寡妇挑过水呢！全乡都知道这事。

范　伟：啊，那都是小事儿。

高秀敏：大事儿也有哇，大事儿……

赵本山：大事儿一年干老了，香港回归、三峡治水、十五大召开、江主席访美、这一年把你忙——这也不是他干的啊？

当我们和其他人说客套话的时候，一般不会说得很过火，因为客套话说得太离谱，会给人一种假惺惺的感觉，反而不能起到“客套”的作用。例如，小品中的人物，为了求乡长办事，说了一些不太靠谱的客套话，让人怎么听都感觉不是真的。所以，如果客套话说得太牵强的话，说话者很可能就是别有用心。

熟人间说太多客套话很不正常

当我们和一个人非常熟悉的时候，我们就不会和他说过多的客套话了，因为客套话说得太多，反而觉得彼此的关系不亲近，给人一种虚情假意的感觉。如果有一天你的丈夫（妻子）或者朋友突然对你很客气，和你说了不少的客套话，这时候你就要注意了，他很可能做了对不起你的事或者心怀鬼胎，因为心里过意不去，所以才说出很多客套的话。

言谈习惯透露一个人内心的秘密

我们每个人都有属于自己的言谈习惯。据心理学家研究发现，一个人的言谈习惯和他的性格有着最直接的关系。所以，我们可以从一个人的言谈习惯去认识和了解这个人，有时候这比通过形象去认识一个人更为靠谱。

常说错话的人心口不一

如果你身边有一个人朋友总是说错话，你就要注意了，因为这样的人很可能是那种心口不一的人。

古人曾经说过："言为心声。"一个人心中有什么，口中就有表达出来的欲望。但是那些表里不一的人自然不愿意说真话、说老实话、说心里话，他们会把这些话隐藏在心里，禁止它们表达出来。但是越是禁止，表达的欲望就越强烈，所以，他们很多时候都会说漏嘴，把不想说的话说了出来。在这种情况下，尽管他们会以"不小心"、"不是真心的"为借口为自己开脱，但是我们千万不要轻易相信他们。

偏爱辩论的人实则懦弱

在生活中有这样一种人（以男人居多），他们喜欢抬杠，和别人谈着谈着就抬起杠来，并且有一副不把对方辩得哑口无言就誓不罢休的架势。这种人虽然看上去气势汹汹、盛气凌人，其实内心是懦弱的。他们内心充满了孤寂和害怕，为了掩饰这样的情绪，他们千方百计找人辩论，以显示自己的强大。而真正强大的人不会只表现在口头上，更表现在行动上。

说话时不停点头或者摇头的人难成大事

在生活中有这样一类人，你无论说什么，他都会不停地点头，一副唯唯诺诺的样子。这样的人很难做出一番大事来，因为他们很少有自己的观点，总是被动地接受别人的想法；就算他们有了自己的观点，也不敢去否定对方，尽管非常不情愿，最后还会按照别人所说的去做。这种总是活在别人影子下的人，自然很难做成大事。

还有一种人恰恰相反，他们心高气傲、自视甚高，只要对方一说话他就不停地摇头，对任何人都不尊重。这样的人也很难做成大事，因为他们听不进别人的话，人际关系也非常差。当他们遇到挫折的时候，他们很容易一蹶不振，被消极和悲观的情绪笼罩起来。

边说话边打手势的人说服力强

有些人在说话时会情不自禁地做出一些手势，如摆手、拍打掌心等，好像是在强调说话内容的重要性。这样的人大多是外向型的人，自信心强，行事果断，在讲话时很容易煽动人心，让大家去信服他。正因为这样，他们具有很强的领导能力。

第4章

破译日常行为密码
——行为举止上的心理策略

生活中，我们经常会说："他今天的行为举止很奇怪，一定心理有鬼！"可见，一个人的举手投足可以透露其心理上的变化。因此，我们要想抓住一个人的心，就要先抓住他日常生活中一些动作的"尾巴"！

不经意的小动作可以“出卖”人心

人在很多情况下会下意识地做出一些“小动作”，这里我们说的不是多动症，而是正常的一些习惯性动作。通过观察这些小细节，我们或许可以发现许多秘密，甚至是动作人自己也没有发现的秘密！

每个人，说话时，都会带有一些不经意间的小动作，这些未经雕琢的小动作才是一个人性格的自然流露。为了让自己在交际中做到知己知彼，更加有力地掌握主动权，你不妨在对方的这些小动作上动动脑筋，或许，你很快就能准确地认识到一个人的“真面目”。

边说边笑

说笑，似乎本来就是联系在一起的，很多人在说话的同时，总是喜欢一边说，一边动声色地笑。喜欢以这种方式交谈的人，往往性格开朗，热爱生活，从不苛责自己身边的人，且富有人情味。这样的人通常对感情比较专一，珍惜自己已得到的，看透自己已失去的，人缘较好，喜爱平静的生活。

掰手指关节

这种动作多见于男性，一边谈话，一边把自己的手指关节掰得嘎巴嘎巴响。这样的人通常精力旺盛，非常健谈。但他们比较固执，喜欢钻“牛角尖”，对自己的事业、生活都比较挑剔，表现出极强的上进心，瞧不起碌碌无为之辈。一旦他们自己认定的事，就会不惜一切代价，努力去实现。

摆弄饰物

这个动作多见于女性，她们说话时似乎不知道该如何安放自己的手，于是不停地去摆弄饰物。这样的人多半比较内向，不会轻易表达自己的感情。从另一个角度来说，即使自己暗恋一个人时，也是自己心中的单相思，没有勇气说出口。但是，她们大多做事认真踏实，属于温柔型的女性。

耸肩、摊手

这种动作在交谈的过程中应该算是比较夸张的动作，往往表示自己无所谓。这类人大都为人比较随和、热情、诚恳，富有想象力，懂得创造生活，更懂得享受生活。他们对生活的追求，就是在和睦、舒适的环境中生活下去。

抹嘴、捏鼻

经常习惯做这个小动作的人，往往是没有主见的人，购物时，时常拿不定主意，自己到底该买哪种商品。这类人，大都喜欢捉弄别人，爱哗众取宠，却缺乏“敢作敢当”的勇气。

常常低头

这种人，属于典型的慎重派，似乎永远在思考，讨厌过分激烈、轻浮之事，就连交朋友，他们也会表现得很慎重。

两手腕交叉

这样的人比较独立，对事情总是保持着自己独特的看法，给人的感觉比较冷漠。他们稍微有些自我主义，属于易吃亏型的人。

摸弄头发

这类人往往比较情绪化，常常因一些事而焦躁不安。

把手放在嘴上

这类型的人是秘密主义者，往往比较敏感。他们通常是心口不一，嘴上逞强，但内心却很柔弱。

手握着手臂

仔细地去观察，你会发现，在我们的身边，这个动作还是有一定份额的“粉丝”的，他们感性而保守，不太会拒绝别人的要求，以至于自己经常吃亏。

摇头晃脑

这种人多半比较自信，知识面较广，以至于唯我独尊。在社交场合，他们很会表现自己。另外，他们对事业的追求一往无前，因此而常常受人称赞。

腿脚抖动

这类人比较感性，容易冲动，说话时总是腿脚不停地抖动。自私，也是这类人比较明显的特征，他们很少考虑别人，凡事从利己的角度出发，厚己薄彼，但是，他们也有优点，就是善于思考，大家聚在一起谈论问题时，他们提出的一些观点总是出其不意。

拍打头部

这也是交谈中经常出现的一个动作。很多人在猛然想起一些事或是醒悟到自己做错一些事时，就会做这个动作。因此，这个动作代表着懊悔和自我谴责。这种人对事业有一种开拓进取的精神，他们大多心直口快，为人真诚，富有同情心，为人友善，乐于助人。但是由于他们性子比较急，容易感情用事，往往守不住秘密。因此，跟这样的人交朋友，不要指望他能帮你保密。可是，这种人却是爱憎分明，关键时刻，为了朋友，甘愿两肋插刀。

从握手的方式解读对方的性格

手，是人体的重要组成部分。一个人的举手投足往往有重要的意义，恰当的手势比言语更为重要。握手，不仅能拉近彼此的距离，还可提升双方的亲密度。了解它，你可以获得人们的性格及行为倾向。

在我国，握手是一种礼仪，人们赋予了这个动作丰富的内涵。通常来说，握手是一种交流，可以加深握手双方的理解和信任。握手，是一种友好的象征，传达出其中一方的尊敬、祝贺和鼓励。当然，通过与某些人握手，也可以感觉到他的淡漠、敷衍、逢迎、傲慢和虚假。因此，在社交的场合，千万不要小看一次小小的握手动作，因为握手时的方式表现出了一个人的个性，而一些下意识的动作，更是一个人内心情感的真实流露。现在，就让我们通过心理学家对不同的握手方式的分析，来了解不同的人物性格。

动作沉稳

这种人跟你握手时，不会大力挤握，也不会敷衍了事，而是动作沉稳，双目注视着你。这种人多半性格沉稳、坚毅、坦率，有责任感，而且思维缜密，善于推理，经常提出具有建设性的意见。这种人非常适合做领导，遇事不会慌张，总是能够运筹帷幄，渡过难关，因此可以得到大家的信任。在社交场合，如果你遇到这种人，不妨向他讨要一张名片，说不定以后他就会成为你很好的朋友或是合作伙伴。

双手并用

这种人，为人热情忠厚，心地善良，对待朋友推心置腹，是值得信任的人。

上下摇摆

握手时，他紧紧抓住你的手，然后不停地上下摇摆。此类人，大多比较乐观、豁达，对人生充满希望，有着乐观的人生态度。他们往往由于自己的积极热诚而成为受人拥戴的对象。

犹如打拳击

这种人伸出右手跟人握手时，就犹如打拳击，握手时，更如击出右钩拳般的猛烈，好像要把别人的手握到粉碎，这样的人，往往是想通过自己的握手放松，而让人感受到自己的真诚。可是，很多时候事与愿违，很多人都不太习惯这种握手方式，尤其是初次见面的人，给人一种很虚伪的感觉。这种人大多逞强好胜，妄自尊大，其实，在别人的心目中，他们不过是平庸之辈。

手臂不愿伸长

这种人的性格跟他与人握手的方式像极了，属于比较保守的那一类型。这种人跟人握手时，给人的感觉好像极不情愿，手臂不愿伸长，肘的弯度几乎是个直角，充分显示出这种人谨慎、保守的性格。

手握不紧

说实话，这是社交礼仪中的大忌，充分说明对对方的不尊重。这种人大多比较悲观，没有什么特别的兴趣爱好。如果当你与人握手时，发现他的手指软弱无力，手也握不紧。他多半就是这种性格类型的人，比较悲观，对什么事似乎都是一副漠不关心的模样。

被动迎合

当你在社交场合，大大方方地伸出手，想与对方握手时，却发现那只手却还插在口袋里，而犹犹豫豫地不肯迎合上来，导致你很尴尬地撤回自己的手，这时，他却莫名其妙地把手伸了过来。这样的人，往往做事犹豫，不果断，处事更是没有任何的判断力。

不愿松手

社交场合还有一种人也并不少见，就是他一旦握住你的手就不愿松开，直至他把话说完为止。这种握手的方式，传达出两种意思，如果是男士与男士握手，倘若其中的一方表现出这种情况，则表明他对你有所企图，希望从你那得到某些东西，他是在通过这种方式跟你套近乎。如果是男士对女士表现出这种方式，则表示他对这位女士有好感。如果是女士跟女士，则表示她是一位很饶舌的人，这种人往往喜欢在背后议论别人的是是非非。

草草了事

这种人，跟人握手草草了事，就像是在例行公事，显示出这种人毫无诚意，不值得信任。

根据心理学家的分析指出，社交场合，最好的握手方法是，力度适中，自然而不造作。通过你的手，向对方传达出你的诚意，并通过你的手，让他感觉到这种诚意。而且握手时，最好双眼注视着对方，因为这样更能充分表达出你的友善。通过你的手，搭起彼此间更为友好的桥梁。

从小细节观察对方情绪的变化

每个人都有烦躁不安的时候。当一个人产生这种负面情绪时，他不仅会通过语言以及面部表情表现出来，还会做出一些无意识的小动作。通过这些无意识的小动作，我们也可以了解一个人的心理。

烦躁不安时乱写乱画的人

这样的人处事大方、心胸宽广，他们非常容易与人相处，不会和人斤斤计较。另外，这类人有着很强的创造力。

烦躁不安时抚摸下巴的人

这类人比较世故老练，为人处世比较圆滑。他们在处理问题的时候比较理智，也更加客观。

烦躁不安时摩擦双手的人

这类人自信心强，敢于应对挑战以及承担风险。当他们决定要做一件事时，他们会坚持到底，绝对不会轻易改变主意以及行动的方向。不过，这些人也有缺点，他们有时候会显得非常顽固。

烦躁不安时喜欢咬眼镜腿的人

这类人不喜欢受到限制，是那种我行我素的人。他们之所以会有这样的举动，是想掩饰自己的坏情绪，不希望让他人知道。当这种掩饰起不到效果的时候，他们的情绪会变得更坏，甚至还会大发脾气。

烦躁不安时喜欢咬牙齿的人

这种人心胸不是很宽广，喜欢意气用事，在很多时候都不能很好地控制自己的感情。此外，这类人通常情绪多变，不是非常稳定。

烦躁不安时喜欢拢头发或者把食指放在嘴唇上的人

这种人通常比较开朗，为人处世的态度也非常乐观。当遇到困难和挫折的时候，他们能够很快地调整好自己的心态，积极客观地去面对一切。

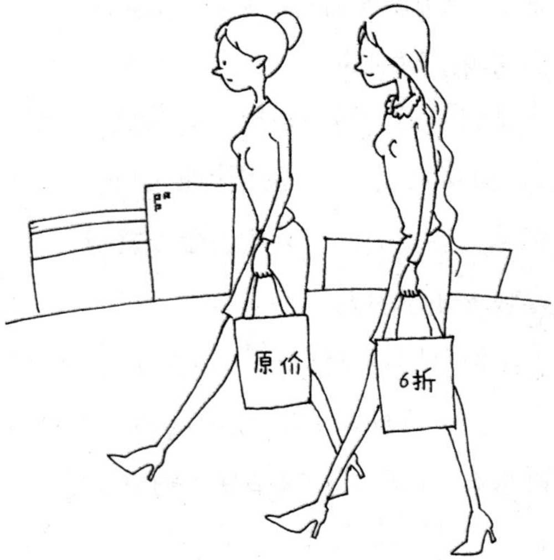

购物的方式可以反映一个人的生活态度

对于现代人来说，购物已经成为了生活中必不可少的一部分。但是在购物方式上，不同的人会选择不同的方式。我们完全可以从一个人的购物方式上观察出这个人对待生活的态度。

购物对于每个人来说再平常不过，人生在世，柴米油盐，必不可少。可为何大家的购物方式却千差万别？这是不同的生活态度使然。我们完全可以从一个人的购物方式上观察这个人对待生活的态度。

选择商店打折时购物的人

这类人通常比较实际，懂得精打细算，有时候甚至给人一种唯利是图的感觉。另外，他们非常固执，遇到事情虽然会和别人商量，但是最后还是会坚持自己的观点。当别人做出让步的时候，他们会对自己的优势非常满足。

购物时非常仔细核对账单的人

这样的人做事比较有规律有计划，但是缺乏创新精神以及随机应变的能力。当遇到偶发的事情时，他们常常感到手足无措，不知道该怎么办才好。此外，这样的人通常比较健忘，所以常常需要别人告诉他们，什么事应该做，应该什么时间做，并且越详细越好。

喜欢和家人一起去购物的人

这类人家庭观念非常强，比较传统保守。他们对家庭有着很强的责任感，家庭也是他们生活和工作的重心。这种人对待生活的态度是非常实在的，在选购商品的时候，经济实惠也是他们最大的出发点。

花一整天时间购物的人

这类人通常性格开朗，经常处在一种心情愉快的状态中。他们的耐性也非常好，总是能够找到不一样的借口说服自己。

很少自己购物，总是请人代劳的人

这样的人一般比较繁忙，把工作日程排得满满的。对他们来说，购物是一件小事，是不值得亲力亲为的。另外，在为人处世方面，他们是比较传统保守的，会尽量让大家对自己满意。

抽烟的方式可以折射一个人的性格

在判断别人的情绪状态时，抽烟的方式发挥着非常重要的作用，因为这些方式往往带有可预见性和程式化。换句话说，抽烟这一行为可以传达出很多微妙的信息，甚至通过观察一个人抽烟的姿势，我们就可以窥探到他们的内心。

在生活中，很多人都嗜好香烟。吸烟不仅成为人们排解郁闷、缓解压力的手段，更是人们在人际交往中和他人搭讪、客套的方式。据心理学家研究发现，吸烟也可以反映一个人的性格特征，并且在吸烟方式上，男性和女性多多少少有些差别：男人在吸烟时保持着戒备、保守的姿势，特别想给人造成一种神秘的印象；女人吸烟带着些社交的意味，同时展示自己的身姿。虽然有这些不同，但是在其他方面还是趋于相同的。从持烟方式来看有以下几种：

夹在食指和中指指尖

这是最常见的一种夹烟方式。这类人通常性情平静、踏实，对待别人比较亲近自然。不过他们缺乏决断能力和意志力，容易随波逐流。

夹在中指和食指的指缝里

这种人自我意识非常强烈，是一个行动主义者。他们不善于调节各种人际关系，因此常常遭到别人的误解和反感。

用拇指、食指、中指拿烟

这种人通常头脑聪明，做事比较干练。他们给人感觉性情上要冷一些。此外，这类人通常骄傲、自我，容易让人产生不快。

从吸烟的方式来看有以下几种：

把烟叼在嘴的右端

这类人通常思维敏捷、行事果断。他们在出手的时候非常大胆，常常让人感觉出其不意。

把烟叼在嘴的左端

这类人通常比较有城府，做事的时候非常有计划性。在做一件事之前，他们会详细地考虑各种问题。

把烟叼在嘴的中央向上衔着

这种人通常比较爱慕虚荣，他们即使看起来非常踏实，但是也难免去做一些超出自己能力范围的事情，并且会自食苦果。

把烟叼在嘴的中央向下衔着

这类人比较理性，是那种非常踏实的人。他们做事时不会强人所难，并且会有步骤、有计划地去履行自己的任务。

从抖烟灰的方式来看有以下几种：

频繁把烟灰抖落到烟灰缸里

这类人做事比较认真，会认真对待自己的工作。不过他们往往不能轻松对待一些事物，有时候会过于紧张。

烟灰很长才抖落

这类人通常对自己已经失去了信心，常常感到自卑，可能精神状态也不是很好。

从掐灭烟的方式来看有以下几种：

直接放在烟灰缸里按灭

这种人做任何事都界限分明，不会感情用事。他们通常能够把工作和娱乐、婚姻和爱情分得非常清楚，不会混淆两者的区别。

敲打烟头，把有火的部分在烟缸里弄灭

这类人通常非常慎重。他们缺乏自己的主张，总是附和别人的观点，总想藏在别人的背后。

向烟灰缸里倒水

这类人容易走两个极端，既有追求完美的一方面，也有不修边幅的一方面。此外，这种人平时非常沉静，但是在行动起来的时候又非常迅速，常常让人感到吃惊。

烟放在烟缸没灭也不在意

这类人通常自我意识非常强烈，喜欢以自己我为中心，缺乏协调性。另外，这类人喜欢撒娇，好恶非常明显，不做作。

从喷吐烟圈的方式来看有以下几种：

向上方喷吐烟圈

如果一个人对所见所闻感到乐观、骄傲或者自信，那么他在大部分时候都会向上方喷吐烟圈。比如，一个玩麻将的人抓了一手好牌，那么他很可能就会自信满满地向上方吐烟。

向下方喷吐烟圈

如果一个人抱有悲观、隐秘或者猜疑的态度，那么他在大部分时候都会向下方喷吐烟圈。从嘴角往下喷吐烟圈的动作，更能说明吸烟者消极或者隐秘的态度非同一般。

从名片分析商务人士的性格

交际场合，免不了出现双方互换名片的情况。一张小小的名片，不仅记载了主人的信息，还可以反映其性格特征。聪明的你，不妨拿出自己的名片夹，细细查看你所收过的每张名片，再回想对方平时的为人处世风格，有没有得到一些启示呢？

孟蕾是一家大公司的销售经理，每次去和商务对手"谈判"，她都会给对方递上一张名片，然后说："这是我的名片，请多关照。"然后对方也会把自己的名片递给她，并和她客气一番……

对于孟蕾这样的商务人士来说，几乎每个人都有自己的名片，这是一种身份的象征，也是一种交际的需要。他们在商务"谈判"中最重要的事情就是了解对手，只有这样，才能抓住对方的弱点，强力进攻，让对方接受有利于自己的条件。其实有了这张小小的名片后，了解对方就成了一件简单的事情，我们完全可以从名片中了解对方的性格为人。

名片上使用很多头衔的人

这类人把很多头衔都写在了名片上，说明他们好面子，虚荣心很强，想用很多头衔去说服别人，并且证明自己是有身份、有地位的人。不过他们并不是那种吝啬鬼，相反，他们非常大方，在和大家一起吃饭的时候，他们通常会抢着付账。

在名片上不显示头衔的人

这种人通常会有所成就，对自己非常自信，相信自己可以解决任何问题。不过这种人喜欢我行我素的生活，他们不希望被别人管理，也不愿意管理别人。

在名片上只印着姓名、电话的人

一个人在名片上只写下姓名、电话，通常只有两种情况：第一种，他认为自己名气很大，根本不用名片来宣传自己，只留下联系方式就好了；第二种，名片的主人或者想故作神秘引起大家的注意，或者不愿意透露自己的真实情况。

以上无论是哪种情况，都说明名片的主人缺乏安全感，不想开放自己。他们无论做什么事都会非常小心，甚至小心得有些不可理喻。和他们打交道，要仔细观察他们，并且悄无声息地套取他们的信息，这样，才能取得交往中的主动权。

喜欢大字体的人

这种人通常功利性比较强，自我意识也比较强烈。他们非常任性，但是如果你和他的关系非常好，他们会帮人帮到底，决不推辞。此外，他们善于交际，口才非常出色。在遇到利益冲突时，他们绝对不会拱手让人，也不会因别人的哄骗、赞美而迷失自己。

使用塑封名片的人

这类人通常爱慕虚荣，是典型的神经质。在和他人交往的过程中，他们会掩饰自己狭隘的心胸，给人一种非常友好、和气的感觉，但是真实情况并非如此。此外，他们喜欢自吹自擂，爱使手段。当别人的成绩超过他们时，他们会非常嫉妒。

在名片上附上家庭情况的人

这种人成熟稳健，有着很强的责任心，并且有着出人头地的愿望。他们对工作非常看重，并且肯为工作付出。对他们来说，客户越多、打来的电话越多，他们离成功也就越近了。

从找座位的方式可以看出一个人的判断能力

当你和家人、朋友或同事一起在外面吃饭时，免不了要遇到找座位的情况。每一次，是你主动为大家找座位，还是习惯性地跟在别人后面？别小瞧这一个问题，它能看出一个人的判断能力哦！

和朋友、同事以及商务伙伴到饭店吃饭时一般都需要找座位，在这时候，是观察一个人决断能力和判断能力的最佳时机。

主动为大家找座位的人

这种人到餐厅后，通常会环顾四周，然后指着一个饭桌对大家说："咱们就坐那里吧。"然后就领着大家去就座。这样的人通常判断能力很强，并且极具自信，他们会把自己的想法直接表达出来，但是有时候也会因为独断独行而惹人讨厌。

总是跟在大家后面的人

这种人总是跟在大家的后面，等别人找好饭桌后和大家一起坐上去。这样的人通常依赖性非常强，总是需要别人的照顾。在做事的时候，他们不会积极主动地去做，而是喜欢充当“配角”，配合别人去做。

去问店员有没有座位的人

有些人到餐厅后，不去主动找位子坐下，而是去让店员为自己安排一个座位。这样的人在做事的时候会以合理化的方式前进，但是他们有时候不考虑别人的想法和意见。

常常找错座位的人

有些人常常会找错座位。等他带大家去就坐的时候，座位却被别的人占了先；还有的时候发现位子根本不够。这样的人通常判断能力不是很强，常常会做出一些错误的判断，并且总是导致一些小错误的产生。不过，这种人乐于配合别人，他们那种诚实的性格也非常受大家的欢迎。

签名方式：不可不知的识人技巧

古人常说“字如其人”，因为字迹是人的心理描绘，是以线条来表达和抒发作者情感心绪变化的。而签名，是一个人经常书写的，所以看一个人的签名，便能探知对方的内心世界了。

一位先人曾经说过：“你有一手糊涂字，说明你有一颗糊涂心。”的确是这样，“字如其人”，你有什么样的性格，就会写出什么样的字体。所以，我们要想看清一个人，他的签名也是重要的线索。

名字写得特别小的人

这类人通常喜欢内省，是那种不愿意引人注目、不喜欢在大庭广众抛头露面的人。他们对自己不是很有信心，在工作的时候也不是非常积极主动。

不过，他们还是会集中精力完成手中的工作。此外，这种人功利心不是很强，是那种淡泊名利、谦卑、恭顺、朴素的人。

名字写得特别大的人

这类人爱表现，希望能够引起大家的注意。他们总是大做表面文章，力求让大家记住自己。他们自我意识非常强烈，做什么事都是以自我为中心。此外，他们在做事的时候有目的、有计划性，也比较迅速，但是有些鲁莽，也不太注重细节。

名字写得不大不小的人

这类人理性现实，是那种脚踏实地、一步一个脚印的人。他们注重实践，对外界环境的适应能力非常强。此外，在工作中他们与人相处得非常友好，人缘也非常好。

字形向右倾斜的人

这类人通常进取心非常强，并且对自己充满自信。他们有理想、有抱负，不怕困难和挫折。另外，他们性格开朗、慷慨大方，待人友好，社交能力非常强。在社交过程中，他们经常主动向别人靠拢，所以大家都能和他们愉快相处。此外，他们有奉献精神，集体观念也非常强。

字形向左倾斜的人

这类人通常情感压抑，在生活中非常小心谨慎。他们观察能力非常敏锐，是一个出色的倾听者。不过他们对周围环境非常冷漠。此外，他们具有很强的独立能力，是那种自力更生的人。

正方形字体的人

这类人通常是那种传统保守的人。他们品行端正、为人正直，在工作中具有很强的责任心。在生活中，他们原则性非常强，不肯屈从权威。在工作中，他们小心谨慎、办事踏实，有着很强的自我控制能力。

圆形字体的人

这类人通常温和善良，善解人意，非常通情达理。他们性格坚韧，有着非常强的适应能力。在社会交往中，他们奉行“中庸之道”，不偏执一端，也不喜欢和他人发生正面冲突。在工作中，他们行事谨慎、考虑周全，自我克制能力非常强。不过他们有时候不够果断，在遇到大事时常常犹豫不决。

长方形字体的人

这类人通常有着很强的进取心，对自己也非常自信。另外，他们爱憎分明，具有开通创新的精神。如果长方形的字体向右倾斜，则说明书写者心胸宽广、乐观向上，并且非常喜欢竞争，是那种个性张扬、容易得罪人的人。如果向左倾斜，则反映出书写者情绪比较压抑，是那种只关注自己、比较自闭的人。

扁形字体的人

这类人通常有着坚定的自信心以及顽强的毅力，不容易受他人和外界环境的影响。他们在行事的时候有条理性、有计划性，非常认真小心。不过他们有时候固执己见，爱钻牛角尖。如果扁形字向右倾斜，则说明书写者有理想、有抱负，是那种积极进取、勇于创新的人。这种人热爱生活，乐于帮助他人，在和大家相处时非常友好。如果扁形字向左倾斜，则反映书写者性格叛逆，有着极强的上进心。他们能够吃苦耐劳，做事的时候也会持之以恒。不过这种人有些清高，交友范围非常狭窄，但是，他们对朋友非常真挚。

第5章 透知性格背后的秘密——兴趣爱好上的心理策略

即使你对心理学一无所知，也会明白周末外出旅游者和窝在家里看电影者，是属于完全不同的两个世界的人。因此，当几个人凑在一起高谈阔论兴趣爱好时，他们的性格已经尽显其中。这时，你不妨做个“听众”，倾听他们内心的声音，从而分析他们的为人处世之道。

从对酒的喜好辨别对方的脾气秉性

我们不要小看酒桌上的一杯酒，除了实实在在的酒之外，还包含着太多的含义，一个人的性格、品性、素养尽含其中，值得我们去细细品尝。要知道，酒桌上的输赢，并不在于每个人喝得多少，而在于一个人会不会“品”，因为，“品酒”实则在“品人”！

众所周知，如今的社交场合，酒已经成为一件必不可少的“工具”，很多交谈活动，都是在酒桌上完成的。喝酒，已经成为人们沟通感情、解决问题的一种方式。但是，每个人对酒的喜好不一，有的喜欢很烈的白酒，有的喜欢啤酒，有的则对洋酒情有独钟……从一个人对酒的喜好，我们同样可以窥见他的内心世界，了解他的品性、性格。

喜欢白酒的人

很多喜欢饮酒的人，总是觉得啤酒不够劲，而喜欢烈性的白酒。这类人的性格有着刚烈的一面，像极了烈性的白酒，但是，做事容易冲动，因此，他们常常失败，但是如果他们成功，就一定会是大成就。他们非常喜欢社交活动，而且乐善好施。但是，他们非常在意别人对自己的看法，有时，为了掩饰自己的不足，反而会极力吹捧自己，为了在人们面前证明自己的实力，一旦受人之托，就不会拒绝，而且很多时候，都是自己力所不能及之事，即便这样，他们也会很爽快地答应对方，典型的打肿脸充胖子。这样的人在职场中，由于自己非常关照下属，而深受下属的爱戴，但是，很难受到领导的青睐。

喜欢啤酒的人

美国社会调查研究所有一项调查表明，喝啤酒，表现了人们想要获得轻松愉快的心情，渴望从苦闷的环境中得到释放。

与人聚会喝啤酒的男性，表明他通常表现的都是最原始、最自然的自己。如果在喝酒的过程中，他向同行的女性劝酒，则表现了他希望对方跟自己有着同样心情的想法，希望别人跟自己有着同样的感触，而这种感触通过啤酒表现出来。当然，这也可以说明，他的内心渴望开始一场比较愉快的交谈。这种人是既不矫揉造作也不爱慕虚荣的安全型。

如果在交往的过程中，你发现一个男性喝酒时，非常注重啤酒的品牌，而且一定要喝他所指定的啤酒的品牌，这样的人值得你警戒。因为，不同品牌的啤酒，在味道上几乎相差无几，他认为的“好品牌”只不过是他心理上的作用。

喜欢外国啤酒品牌的男人，在性格上极具个性。如果在交往中，你发现某男子特别喜欢德国品牌的啤酒，他大多是为了通过自己对洋啤酒的喜爱，向在座的女性表现自己不同于一般男性的性格。如果是喜欢黑啤酒的男性，这种人通常对强健的体魄有一种向往。当然，还有一些人在社交的场合喜欢卖弄，觉得自己喝洋酒是有品位、见识多的标志，其实，这种人多半都是腹中空的虚伪派。

总体来说，喜欢喝啤酒的人们，一般都具有服务精神，爱取悦他人，与任何人都谈得来，也容易获得别人的好感，社交能力较强。

喜欢鸡尾酒的人

鸡尾酒有着不同的口味，喜欢略带甜味鸡尾酒的人，多半性格豪爽。通常情况下，这类人喝酒为的是一种气氛，而非为了喝酒而喝酒。他们渴望与朋友之间进行良好的交流和谈话，尤其是与女性的谈话；还有一些人喜欢略带辣味的鸡尾酒，如果是男性，他是非常具有男子汉气概的人。这种人在工作上表现为积极进取，能够充分发挥自己的个性和优势，值得信赖，是上司的得力助手。同时，他具有责任感，举止得体，在工作中可以担当大任，具有领导风范；还有一些人，对甘甜味道的鸡尾酒情有独钟，这样的人，往往不太喜欢酒精的刺激，而把喝酒当做一种消遣，当做放松心情和稳定对方情绪的一种方式。

喜欢香槟酒的人

喜欢喝香槟酒的人，通常性格比较挑剔，不满足于现状，追求华丽、高贵，给人一种很难接近的感觉，即便是作为普通朋友，跟这类人相处也要具备一定的条件和素养。另外，这类人对异性的要求也会很高。

喜欢葡萄酒的人

在交际中，越来越多的人，选择葡萄酒代替白酒和啤酒。

喜欢红葡萄酒的人，通常是个现实主义者，凡事都会从现实情况出发，着眼于现在，执着于金钱和权力。如果是位男性，相对而言，他是位比较稳健、实际，却缺乏浪漫情怀的实干家。

喜欢白葡萄酒的人，执着于自己的理想，为了自己的梦想，可以不顾一切地去追求。但这种人，往往不拘小节，正是自己常常忽略小节，导致丧失一些机会。这类男性，对待感情比较专一，是女性朋友选择的好伴侣。因此，如果您是一位待嫁闺中的女士，交际中遇到喜欢白葡萄酒的男士，不妨稍加留意，适当的时候，可以暗送一下“秋波”！

喜欢粉红葡萄酒的人，倘若是男性，可以说是一个典型的“情圣”，谈恋爱的高手。这样的人，非常懂得制造浪漫的气氛，运用鲜花、甜言蜜语讨好女性，让对方感动得投怀送抱。

喜欢威士忌的人

威士忌干辣、很男性化，一般喜欢这种酒的男人，有着很强的适应能力，能够充分采纳别人的意见，出人头地的欲望很强烈，懂得抓住一切机会赢得上司的认可。事业上，这样的人多半会有一些作为。他们与女性交往时，会表现得很绅士，重视礼仪，给对方留下完美的印象。

从旅行的偏好窥探人的性格

周末到了，外出旅游成为人们最常见的一种休闲方式。有的人选择去户外探险，有的人去海边观景，有的人则去休闲会馆度假……不同的人会采用不同的旅游方式。换言之，我们可以通过这些旅行方式看出一个人的性格特点。

旅游已经成为当前社会必不可少的一种放松休闲方式，但是不同类型的人，会选择不同的旅游景点。

喜欢漫步海滩的人

这类人通常比较传统保守，性格比较孤独。在他们心中，喜欢过那种离群独居的生活。因为对他人比较冷漠，所以他们的朋友不是很多。不过他们会是一个非常和蔼可亲的父亲或者母亲，因为他们把自己的所有心思都放在了自己的孩子身上。

喜欢欣赏风景的人

这类人通常精力充沛，喜欢幻想，生活中任何新鲜事物或者新体验，都会让他们觉得兴奋。他们非常讨厌那种呆板、无趣的工作和生活，也不喜欢被局限于斗室之内。

喜欢登山的人

喜欢登山的人性格通常是内向的。他们喜欢挑战，以征服人烟稀少的险峻高峰为目标。虽然他们常常向高山峻岭挑战，但是他们并不把它当成一种享受以及放松，而是以一种诚挚的态度去征服它们，以此来达到内心的满足。

喜欢到各地探访亲友的人

这类人通常实事求是，做事比较踏实。另外，他们比较忠诚，这也是他们做任何事情的最大动力。

喜欢露营的人

这类人通常比较传统，是传统思想的拥护者。他们有着崇高的道德标准，对自己、对他人要求都非常高。另外，他们个性独立，有着非常强的创造力。在做事方面，他们比较客观，讲究实事求是。

喜欢出国旅行的人

这类人通常喜欢追逐潮流和时尚，希望生活能够多姿多彩、自由自在。此外，他们懂得幽默，是那种乐观开朗的人，不容易被生活的重担所压垮。

喜欢参加旅游团的人

这类人通常比较理性，并且非常豪爽。他们喜欢和别人分享一切，看到别人欣赏自己的时候，他们会觉得非常高兴。在工作和生活方面，他们喜欢做事有计划，把所有的事情都布置得井井有条。

从读书的喜好了解一个人的性格

如果说饭是人类物质上的食粮，那么书就是人类精神上的食粮。饭不可不吃，书也不可不读！仔细留意你周围的人，他们都在读什么样的书。要知道，读书不但能增长人的知识，在某种程度上也能反映一个人的性格。

据心理学家研究发现，一个人的读书品位和他的性格和心理有着直接的关系。所以，我们完全可以从一个人的读书偏好上来了解他。

喜欢读传记文学的人

这类人通常好奇心强、行事谨慎，有着极大的野心。他们在决定做某件事之前，一定会经过仔细考虑，研究各种得失利弊。在没有一个好的方案之前，他们绝对不会贸然去做一件事。

喜欢读通俗读物的人

街头小报、八卦杂志、周刊都可以算作通俗读物。喜欢这些读物的人通常性格乐观，富有同情心，他们经常有着源源不断的话题，用自己巧妙的言辞给别人带来快乐。这类人非常有趣，通常是办公室或者社交中受人欢迎的人物。

喜欢读言情小说的人

这类人通常天性敏感，情感较为丰富。他们一般性格开朗，非常注重感情。更难能可贵的是，他们在遇到挫折或者失败的时候懂得调节自己，让自己很快从消极的情绪中走出来。

喜欢读报纸、新闻性刊物的人

这类人大多属于坚强的现实主义者。他们思维敏捷，能够对新鲜事物很快地做出反应。他们总是不愿意当一名落伍者，时时处处让自己的言行跟上时代的步伐。

喜欢读历史书籍的人

这类人尊重事实，讲究实际和重视效果是他们为人处世的原则。他们喜欢做那些有创造性的工作，把自己的时间用在努力工作以及做学问上面。他们不喜欢闲谈、胡扯，也不愿意参加那些没有实际意义的社交活动。

喜欢读杂志的人

这类人通常比较注重面子，对自己的容貌以及身份、地位非常关注。在生活中，他们会尽力改变自己在他人心目中的形象。但是有时候他们会脱离实际地高估自己，从而让自己下不了台。

喜欢读诗歌的人

这类人通常热爱生活，对生活中一切美好都青睐有加。此外，他们在诗歌的熏陶下，心灵会得到净化，对“真、善、美”的追求比常人更加强烈。

喜欢读财经类杂志的人

这类人通常争强好胜，喜欢竞争。他们是那种自尊心很强的人，崇拜那些在事业上颇有建树的人，并且自己也以他们为榜样。他们非常希望自己能够把别人比下去，登上“冠军”的宝座。

喜欢读画报或者画册的人

这类人通常热情好客，喜欢结交朋友，对于同事、亲朋好友到他家做客，是十分欢迎的。

喜欢读科幻小说的人

这类人通常思维敏锐、想象力丰富，创造能力非常强。此外，他们常常会对未来拟订计划，并充满憧憬。

喜欢读侦探类小说的人

这类人喜欢动脑筋，解决难题是他们最拿手的好戏。别人看起来束手无策的题目，到他们手上却是手到擒来。和他人不同，越是那些有难度的事情，他们兴趣越大，并且常常把解开难题当做乐事。

喜欢读恐怖小说的人

这类人感觉生活过于沉闷或者心情很压抑。他们内心空虚而焦虑，所以只有用刺激让自己来得到解脱，因此对恐怖小说情有独钟。

喜欢读《圣经》的人

这类人通常手脚勤快，为人诚实，尊重知识，尊敬智者。在和别人交往的时候，他们严于律己、宽厚待人，与人和善相处是他们的重要交往原则。

从运动方式看一个人的处世方式

性格不同的人在平时会选择不同的运动方式。我们可以观察一下，如果一个人能够从某种运动中得到快乐并且持之以恒，那么，你就完全可以通过这种运动了解这个人的个性。

随着社会的进步，人们对于自己的健康越来越关注，对于各种体育运动也越来越热爱。但是因为性格的不同，不同类型的人会选择不同的运动方式。在平时我们可以观察一下，如果一个人能够从某种运动中得到快乐并且持之以恒，那么，你就完全可以通过这种运动了解这个人的个性。

喜欢散步的人

这种人的处世方式和散步一样，虽然不时髦，但是能够一路坚持下来，并且因此而受益无穷。这种人通常没有太多的表现欲望，他们沉着、冷静，做事比较稳重。只做那些自己该做、自己能做的事情，而对于那些能够表现自己才能的事情没有太大的兴趣。此外，这种人非常有耐心，自信心也非常强。

喜欢冬泳的人

这类人通常处事比较冷静，做任何事都会三思而后行，绝不贸然行事。此外，他们意志力非常强，在遇到困难或者挫折的时候，他们常常能够坚持下来，绝不会妥协退让。在事业方面，他们追求很高的专业知识和地位，希望能够得到大家的尊重和赏识。他们的缺点是不够热情，常常让人觉得很难亲近。

喜欢打篮球的人

这类人通常有着很高的理想和目标，他们希望自己比别人更出色。当他们确定自己的目标后，肯为这个目标付出巨大的辛苦和努力，即使遇到一些挫折，他们也不会灰心丧气、一蹶不振。相反，他们的心理素质非常好，能够迅速地调节自己的情绪，重新再来。

喜欢踢足球的人

这类人富有激情，喜欢刺激。无论是对待生活还是对待工作，他们都保持着非常积极的态度，有着很高的“战斗”欲望。

喜欢打高尔夫的人

高尔夫是贵族化的运动，象征着一个人的财富和地位。喜欢这种运动的人，一般有着比较雄厚的经济实力，并且大多是事业上的成功者。他们具有远大的理想和宽阔的胸怀，并且有那种不达目的不罢休的坚强毅力。

由宠物分析其主人的性格

随着现代人生活得越来越孤独、越来越有压力，饲养宠物不仅成为一种很好的休闲方式，并且越来越受到大家的喜爱。因为性格不同，人们在选择宠物的时候也大不一样。从心理学角度来看，我们可以从人们喜欢的宠物来了解它们主人的真实性格。

心理学研究表明，人们总是在无意识的情况下，选择一种长得像自己或具有自身某些性格特质的宠物。例如，动作快、爱说话的人会养条活泼爱叫的狗，慢吞吞的主人会养金鱼，神经兮兮的人会养条蛇，贪吃者会将宠物喂得肥肥胖胖，喜欢大狗的人有优越感，喜欢小狗的人希望得到宠爱……从养的宠物身上，可以看出它们主人的性格，外在的宠物是其主人内在的一种象征。

喜欢养狗的人

这类人通常性格外向，对待他人比较温和亲切。他们不喜欢孤独寂寞，希望整天都快快乐乐，和邻居朋友都相处融洽。他们胸无城府，性格开朗，心中的想法通常会从脸上或者举止中表现出来。可以说，这类人是那种人情味非常浓的人。他们的缺点是有时候会随波逐流，总是被别人所影响。

喜欢养猫的人

这类人通常崇尚自由，不喜欢直来直去，比较喜欢委曲求全、言不由衷，随声附和别人。他们是那种比较内向的人，喜欢过那种恬淡、宁静的生活。在和别人交往时，他们抑制感情的流露，很少有人能够真正走进他们的内心。此外，他们严于律己，从不随随便便，这让别人感觉不到他的热情和活力，因此人缘也受到了很大的影响。另外，他们有时候还爱矫揉造作，让人感觉不舒服。

喜欢养鸟的人

这样的人通常心思非常细腻，是那种小心谨慎的人。他们的性格有些孤僻，交际能力较差，不喜欢处理那种复杂的人际关系。所以，他们喜欢养鸟，以此来自娱自乐。另外，他们心胸有些狭隘，这也是他们的一大缺点。

喜欢养鱼的人

这种人有生活情趣，是那种天生的乐天派。他们对生活和事业没有过高的追求，只希望平平安安、快快乐乐地度过每一天。虽然有人说他们胸无大志，但是他们这种快乐的生活态度让很多人都非常羡慕。

第6章

揭开谎言下的真面具
——洞悉假话的心理策略

人类，是富于表达的动物，几乎没有人说话时，只是“一本正经”地说话，尤其是他说出的话不是自己内心真实的想法时，他的手放在哪里，他的眼神、动作又如何？……这些不经意间的行为，正是我们了解一个人内心世界的明镜！

透过对方的眼睛，窥探深藏在内的秘密

眼睛是心灵的窗户。作为一个生理器官，眼睛可以反映出一个人的精神状态以及内心世界，所以，很多说谎的人会尽量避免和别人眼神的接触。那么，你知道怎样利用眼睛来测谎吗？本节将为你揭晓答案。

医学研究表明，眼睛是人类五官中最为灵敏的器官，其感觉的领域几乎涵盖了人体感觉的70%以上，因此，眼睛被称为五官之王，更是被人们美誉为心灵的窗口。在日常生活中，倘若我们能够通过观察一个人的眼神，来了解对方的内心世界，那我们在社交场合就可以做到游刃有余。

早在我国历史上的春秋战国时期，孟子对于眼神的作用就做过精辟的阐述："存乎人者，莫良于眸子。眸子不能掩其恶：胸中正，则眸了焉；胸中不正，则眸子眊焉。"也就是说，从一个人的眼神，便可判断一个人的善恶。因此，心理学家一直认为，透过人的视线，可以窥探出一个人的内心活动。人们在社交生活中，无论内心有什么样的情感或欲望，都会从他的眼神中表露出来。以下是一些从人的眼神，看出一个人的内心世界的一些方法，也是心理学家给人们的一些忠告：

眼睛上扬

与人交往时，如果遇到对方眼睛上扬的情况，你要知道这代表着假装无辜。这种动作，是为了佐证他自己确实无辜。

上睫毛极力往上抬

当一个人的上睫毛极力往上抬，而几乎要与下垂的眉毛重合，目光炯炯地望着你时，很容易给人留下难忘的表情，这种眼神在传达着某种惊怒。

斜眼瞟人

斜眼瞟人，就是偷偷地看人一眼，而又不愿意被自己偷看的人发觉。这种眼神的传达者，一般较为腼腆、羞怯。通过这种动作，告诉别人："我虽然对你很感兴趣，但是，却不敢正视你。"

眼睛往上吊

眼睛往上吊，则表示这种人心理藏着不可告人的秘密，他们多半喜欢有意识地夸大事实。这类人的性格比较消极，不敢正视对方。

眼睛往下垂

眼睛往下垂，这个动作多有轻蔑之意，要不然就是不关心对方的情形。当你跟自己的"朋友"诉说一些心事时，如果他表现出这样的眼神，你就该清楚自己的倾诉该结束了，因为他对你的苦衷根本不感兴趣，或者说，根本漠不关心。经常传达出这种眼神的人，多半个性冷静，比较自私，经常只为自己着想，是个比较任性的人。如果您正在跟这样的人交朋友，希望你能三思而后行。

挤眼睛

挤眼睛，即用一只眼睛向对方使眼色，表示两者之间有某种默契，它所传达的信息是："这个意思，只有你和我两个人懂，其他任何人无从得知。"倘若在社交场合中，你发现两个人之间正在进行这种"交谈"，则表示他们对某项主题有共同的看法和感受。如果这样的“交谈”是发生在两个陌生人间，则代表着一种强烈的意味。而这种动作一旦被其他人发现，就会被认为这是一种很不礼貌的行为，因为其中明显包含着两个人之间存有不为第三人所知的秘密和默契，自然会给其他人一种被疏远的感觉。因此，被人认为是一种不礼貌的行为，也就变得理所当然了。

眨眼

眨眼，其中一系列动作包括连眨、超眨、睫毛振动等。连眨，是一个人快哭的表现，代表他在极力压抑自己激动的情绪；超眨，这个动作的速度较慢，幅度却较大，代表着惊讶和怀疑，简直不敢相信自己的眼睛；睫毛振动，眼睛和连眨一样迅速开闭，是卖弄花哨的夸张动作，传达出的信息：“你可不能欺骗我哦!”

除了人的眼神外，观察人们视线的方向，也可以窥见一个人的内心世界。因为，在交际中，一个人的内心有什么样的欲望或情感，必然会表露于视线上。因此，如何透过一个人的视线，了解他人的内心世界，在人与人的交往中，具有非凡的意义。

眼睛看向远方

你与人在交谈时，发现对方的眼睛看向远方，则表示他对你的谈话漠不关心，或者，他正在考虑其他的事情，无暇顾及你的话题。比如，当你很有诚意地跟自己的丈夫交谈时，却发现他若有所思地望着远方，这就表示你的话题根本提不起他的兴趣。表示他的心中正在盘算别的事情，无论是感情上的，还是事业上的。总而言之，他并没有仔细地听你的谈话。这时，你就要考虑出现这种情况的缘由，以便自己做出正确的判断。

眼神正在呆呆地凝视于一点

再比如，生意场合，你跟对方谈生意时，他并没有表现出聚精会神的状态，更看不到任何的热情和激动，而是眼神正在呆呆地凝视于一点。这就表明对方正在盘算着其他的事情，或许，他正在心中盘算，如何使交易变得对自己更加有利。因此，谈生意时，如果遇到这种眼神，你一定要注意不要将大量货物出售给他，因为他很有可能支付不了货款。如果对方是卖方，你则更要小心行事，其中很有可能藏着不为人知的猫腻。总之，当你的交易对象出现这种眼神时，你懂得小心提防就是了。倘若这个时候，你试探地问道："你有什么烦恼的事情？"对方忙慌张地回答："不！没有什么事……"这时，你就应当斩钉截铁地结束这次谈话，而寻找新的合作伙伴。

斜视的眼光

人们聚集在一起的时候，我们经常会看到斜视的眼光。这种眼神则表示持有者拒绝、轻蔑、迷惑、藐视或感兴趣的心理状态。比如，与自己的竞争对手正面交锋时，彼此间往往会呈现出这种蔑视的眼神。但是，斜而略含笑的眼神，也表示对对方有兴趣。只要你留心观察，初次见面的异性之间，很容易见到这种眼神，而且大多出现在女性身上。因此，如果你是一位男士，在一个交际的场合，发现其中有一位不太熟悉的女孩子向你投来这种眼神，不用因紧张而局促不安，这正表示她对你感兴趣，如果这时，你还单身，而且对她的印象也还不错，就应该鼓足勇气和她攀谈，说不定，一个眼神就会给你带来命运的转折，让你收获爱情的果实。

眼神发亮略带阴险

对方眼神发亮且略带阴险时，表示对人不相信，并处于戒备中。倘若初次见面时，对方就有这种眼神显露出来，表示在谈话的过程中，你使对方产生了某种不信任的警戒。如果你认为自己并没有过使对方产生这种心理的做法的话，那对方的这种眼神就很有可能是受到别人的教唆而导致。

通过面部表情识别对方的谎言

一对正在吵架的夫妻，一旦有贵客来访，便会装出没事的样子，笑脸相迎；违章的司机，为了避免把事情搞得更糟，往往故作笑脸，在警察面前表现得服服帖帖……人的面部表情可以说实话，也可以说谎话，也可以在同一时间内既说实话又说谎话。在社会生活中，人们时常利用面部表情，作为掩饰和伪装其真实思想感情的“面具”。

又到了发工资的时间，可是这次丈夫交给妻子的工资只有平时的一半。妻子问丈夫：“这次工资怎么这么少？钱都到哪里去了？”丈夫脸色有些泛红，眨了几下眼睛，低着头说：“现在公司效益不好，每个人只发了平时一半的工资。”

据身体语言学家研究发现，面部是说谎者最容易作伪的部位。比如因为没有完成任务而被老板责骂的员工会满脸堆笑，不住地说“是、是、是”；再比如因违章而受到交警训斥的司机会故作笑脸，表现得服服帖帖。虽然脸部容易作伪，但是当一个人在说谎时仍会留下一些破绽，就如上文中的丈夫，他在撒谎时脸色发生了变化，并且不断做出眨眼的动作。只要我们仔细观察，完全可以从对方的脸上“读”出他们的谎言。

面部表情停顿时间过长

据身体语言学家研究发现，除了某些极其强烈的情绪外，例如，悲痛欲绝、勃然大怒、欣喜若狂等，自然的表情在脸上的停留时间一般不会超过4～5秒钟。而当一个人撒谎的时候，他的面部也会“配合”他的谎言做出一些表情，但是这些表情在脸上的停顿时间明显要长得多，甚至已经达到了10秒钟以上。正是因为他们要极力表现自己的情绪，反而“过犹不及”了，让人抓住了一些破绽和把柄。

频繁眨眼

当我们心中恐慌的时候，会闭上眼睛，就如同给自己关上一扇门。同样的道理，当一个人在说谎的时候，他的内心是不安的，是心虚的，所以要连续地眨眼睛，让自己好受一些。据身体语言学家研究发现，一个人每分钟眨眼的次数大概是5～8次，当他的情绪产生波动时，眨眼的次数会明显增加。如果一个人频繁地眨眼，那就意味着他心中隐藏着秘密。当然，我们不能因为一个人频繁地眨眼而认定他在说谎，因为当他情绪激动时候也会做出这样的动作。我们在判断一个人是否在说谎的时候还要联系当时的情况。

表情慢半拍

场景一：

初次约会，华南为女孩讲了一个笑话。那个女孩听完后笑了起来，然后说：“这个笑话真是太好笑了。”

场景二：

初次约会，华南为女孩讲了一个笑话。那个女孩说：“这个笑话真是太好笑了。”然后笑了起来。

如果你是华南，你认为上面哪个场景更可信呢？答案当然是第一个场景，因为第二个场景中的女孩根本不觉得这个笑话好笑，只是在敷衍华南而已。

据身体语言学家研究发现，说谎的人为了表示确实如此，常常会设计一些表情或者肢体动作，以此来迷惑对方。但是因为不是出自于真心，他们设计的这些表情和动作看上去明显是事后的“弥补”或者“追加”，不仅慢了半拍，而且非常机械生硬。所以，当一个人表示自己非常高兴（或愤怒）的时候，先会做出高兴（或愤怒）的表情，然后再告诉你他非常高兴（或愤怒）。同样的道理，当一个人先点头，再说“我同意”，说明他是真的认同你；如果他先说“我同意你”，然后再点头，说明他是在欺骗你。

面部表情只限于嘴部

对于大多数人来说，做出高兴、惊讶、愤怒等表情并不难，所以很多人都会用面部表情来迷惑对方。其实分辨表情的真假并不是非常困难，据身体语言学家研究发现，那些假装出来的表情因为不是发自内心，只会局限于嘴部，而其他部位（如眼睛和前额的皱纹）不会牵动。

谈话的方式泄露了说谎的秘密

谁都不喜欢被欺骗，但是这个世界上充斥着各式各样的谎言。其实一个人在撒谎的时候是有迹可循的，只要我们掌握了“破慌”的方法，就可以预防并且识破对方的谎言，让谎话再没有立足之地。

当一个人说谎的时候，他的说话模式也是和常人不同的，只是很多人都难以分辨出来。英国心理学家怀斯曼曾经做过一个非常有趣的实验，他让著名政治类访谈节目的主持人罗宾爵士说一段真话，再说一段假话，用录像机录下来后让大家分辨一下，究竟哪段是真话，哪段是谎言。在参加“抓谎”的数万人里面，有52%的人判断正确，有48%的人判断失误，两者的比例相差不大。这说明人们很难分清说谎话的模式。

下面是罗宾爵士录制的两段话，也请您分辨一下，哪段是真话，哪段是谎言。

场景一：

怀斯曼：罗宾爵士，你好，我想问一下，你最喜欢的电影是哪部？

罗宾爵士：《乱世佳人》。

怀斯曼：您为什么喜欢这部影片呢？

罗宾爵士：这部影片非常经典，演员非常了不起，都是一流的电影明星——男主角是克拉克·盖博，女主角是费雯丽。这部影片也很感人。

怀斯曼：你最喜欢哪个人物呢？

罗宾爵士：哦，盖博。

怀斯曼：这部电影你看过几遍了？

罗宾爵士：嗯……（停顿）我想大概有6遍了吧。

怀斯曼：你第一次看这部电影是在什么时间？

罗宾爵士：电影刚刚上映的时候，我想应该是1939年。

场景二：

怀斯曼：罗宾爵士，你好，我想问一下，你最喜欢的电影是哪部？

罗宾爵士：嗯……（停顿）哦，《热情似火》。

怀斯曼：您为什么喜欢这部影片呢？

罗宾爵士：哈哈，我每次看这部影片时都觉得非常搞笑，这部电影里面有我喜欢的东西。每次看它，我对这些东西的好感都会增加一些。

怀斯曼：你最喜欢里面的哪个人物呢？

罗宾爵士：哦，我想是托尼·柯蒂斯，他实在是太帅了……（短暂停顿之后）并且他非常聪明，他模仿加里·格兰特简直有些出神入化，在电影里，他试图抵挡住玛丽莲·梦露的诱惑，他采取的抵挡方式真是太有趣了。

怀斯曼：你第一次看这部影片是在什么时间？

罗宾爵士：电影刚刚上映的时候，但是具体时间我记不清了。

看过这两个片段之后，您认为上面哪个场景中罗宾爵士说的是真话呢？如果您选择第二个，那么您就答对了，因为据罗宾爵士自己所说，《乱世佳人》是他看过最无聊的影片，而他真正喜欢的是那部《热情似火》。

那么，说谎和说真话在说话模式上有什么差别呢？

说谎的人不会把事情描述得太详细

当一个人说谎的时候，他是心虚的，他害怕给出的信息越多漏洞越大，所以不敢多说，提供的细节也会相对较少。我们来分析一下上面两个场景，场景二中的话语明显要多于场景一，而且在被问道“你为什么喜欢这部影片”以及“你最喜欢哪个人物”的时候，罗宾爵士在场景一中一带而过，而场景二中做了一些详细的描述。

说谎的人都具有“超级记忆”

前面我们讲过，说谎的人不会给出太详细的信息，他们担心给出的信息越多，谎言暴露的可能性越大。但是当你问到某一个具体信息时，他一定会做出解答，而不是推说不知道，因为他们害怕引起别人的怀疑。例如，当被问到在哪一年看的《乱世佳人》，罗宾爵士非常清晰地给出了1939年。而在被问到哪一年看的《热情似火》，他则说忘了具体时间。其实对于大多数人来说，昨天吃的什么饭他都忘记了，更不要说一周前、一年前发生的事了。

从交谈模式揭穿对方的谎言

当一个人打算欺骗别人的时候，他会在措辞、语法、特定字句等方面加入特殊的限定，以达到欺骗的目的。但是一个听起来很真实的谎言和真话仍有细微的差异，只要我们细心观察、认真体会，是可以找出其中的破绽的。

人们是从什么地方意识到别人说谎的呢？那些觉得别人发现不了自己谎言的人，他们的假话是不是真的不为人所知呢？现在，笔者就为大家列举生活中几种常见的交谈模式，通过它们，我们可以当场看破对方的谎言。

说漏了嘴

妈妈到外婆家看望外婆，留下儿子一个人在家里写作业。妈妈回来后，问儿子："今天写作业用功吗？"儿子说："当然用功了，我整整花了三个小时才把作业'抄'完。"

对于一些说谎的人来说，因为嘴里说的和心里想的不一样，所以常常会"说漏了嘴"，把自己的真实想法、感受说出来。当然，事后说谎的人会找办法"补救"，但是我们千万不要轻易相信他们。

套用你的话回应

丈夫晚上一整夜没有回来。第二天，妻子问他："你昨天晚上是不是去赌钱了？"丈夫有些慌张地说："不是。"妻子接着问："那你昨天晚上干什么去了？"丈夫说："我昨天晚上干什么……我昨天晚上找朋友聊天去了。"

对于说谎的人来说，一秒钟比一辈子还要长。当他们被责问的时候，他们是心虚的，非常害怕对方对自己产生怀疑，所以会尽快回答对方的问题。但是因为心情紧张又没时间思考，他们就会套用对方的话，例如，把肯定句变成否定句，或者做出否定的回答。

提供更多信息

一个女孩问自己的男友："上周六你去哪了？怎么你的电话一整天都关机啊？"男友小心地说："我和朋友去踢球了。"女孩看了一眼男友，什么也没说。这下男友心慌了，赶紧接着说："我约的几个人都是大学的同学，平时关系很不错。"女孩仍没有说话，男友接着说："我们周六上午10点钟到达体育场，玩到中午12点，吃完饭后又踢了一场，我们那队还赢了呢。"

对于撒谎的人来说，如果对方保持沉默，会让他们变得非常心虚，以为自己受到了怀疑。所以，为了取信于人，他们会对自己的谎言断断续续地加以描述，等到对方相信了才住口。如果对方一直不说话，他会一直说下去。对于诚实的人则不是这样，当他们做出解释后，他们内心是坦然的，即使对方没有说话，他们认为自己已经做出了解释，没有必要再说什么了。

暗示性回答而不做正面回答

公司例会上，经理问销售业绩最差的小周："小周，这个月你真的努力工作了吗？我听别人说你每天都泡在电脑上，不是聊天就是看电影。"

小周小声说："经理，别人这么说真是冤枉我，我每天可都是晚上九点钟才下班啊，是公司里回去最晚的一个。"

对于经理的提问，小周没有做出正面的回答，而是用每天下班最晚为托词，暗示自己工作非常努力。对于大多数人而言，说谎会让他们觉得不安，所以他们不会直接说谎，而是用暗示的方法回答别人的问题。这样，他们的潜意识会好受一些，而且总算"回答"了对方的问题。

扯上其他的事情

男孩问自己的女朋友："我知道你和你以前的男友感情曾经很深，自从你成为我的女朋友后，你们没有再来往吧。"女友大声说："当然了，我不会做那样的事。你知道，我最讨厌第三者了，做那样的事简直就是道德败坏。”

从这段话里，也许很多人都看不出什么问题，但是这个女孩却有很大的说谎嫌疑。在很多时候，说谎者想强调自己所说的话属实，但是又找不出实际的证据，便常常会扯上其他的事情。例如，上面那个女孩，她的男友本来问她有没有和前男友交往，但她却扯到了第三者的问题，并且还强调自己非常痛恨这样的行为。此外，还有些人为了证明自己的无辜，会向问话者赌咒、发誓。遇到这样的情况，被问者也可能有很大的说谎嫌疑。

从动作和神态辨别对方的谎言

谎言的表达方式有很多种。一次眼神回避、一个耸肩、一个搓手、一个抿嘴都可能是说谎的标志。正是这些微妙的身体语言，出卖了说谎的人。

“你怎么知道我在撒谎?”

“宝贝，撒谎是可以被看出来的，因为撒谎只有两种：一种生着短脚，一种是长着长长的鼻子。你就属于后一种。”

这段话出自世界闻名的童话——《木偶奇遇记》，文中的小木偶匹诺曹在撒谎时鼻子就会变长。在现实生活中，虽然撒谎者的鼻子不会真的变长，但是在动作和神态方面，也会出现一些破绽，这也成为我们“抓谎”的证据。

避免眼神接触

“你昨天晚上干什么去了?”检察官严厉地问坐在对面的犯人。

犯人低着头，说：“昨天晚上我哪也没去，就待在家里。”

在电影、电视剧中，我们经常会看到这样的镜头。当一个人说谎的时候，他是心虚的，会尽量避免和对方眼神的接触或者直视对方。这样，他才能减少压力，把谎言说出来。相反，当一个人说实话的时候，他的内心是坦然的，他会全神贯注、睁大眼睛瞪着指控者。

身体缺乏动感

业务员小张最近总是迟到。经理问他："你最近为什么总是迟到？"

小张这些天痴迷上了打麻将，每天打到凌晨两点钟，所以早上总是起不来。被经理一问，他不由僵住了身子，把双手贴在大腿两侧，小声说："这些天我妻子身体不好，我上班前需要照顾她。"

在生活中不知道你是否会注意到，当我们情绪比较兴奋的时候，身体语言会特别多，甚至会挥动双手来表达自己说话的热情。而当我们说一些连自己都不太相信的话时，身体会变得僵硬呆滞。同样的道理，当一个人说谎或者有所隐瞒的时候，他的手势会比较少，如果他坐在椅子上，他会把双手放在大腿上；如果他是站着，他可能会把双手贴在大腿内侧，或者干脆放在口袋里。当一个人说谎的时候，因为心虚，他会限制自己的身体语言，使自己看起来僵硬呆滞，缺乏动感。

用手抚摸脸部

当一个人说谎的时候内心会有一种罪恶感，非常心虚。所以说谎者会做出一些下意识的动作来"抚慰"自己。例如，他可能会用手捂住嘴巴，那表示他连自己都不相信自己说的是真话。此外，当一个人说话时摸鼻子、抓背、揉眼睛或者搔耳朵，也是一些说谎的征兆。当然，有些人在陷入沉思时也可能会做出以上动作，这时候就不能视为说谎的征兆。

藏起手指

据身体语言学家研究发现，一个人用手指着别人或者指向空中，代表着坚定的信念或者权威的观点。而当一个人立场不坚定或者说谎的时候，他不会做出这样的动作，而是刻意地藏起自己的手指。

设置保护屏障

两位经理在商务会馆一边喝茶一边谈生意。其中一位对另一位说："刚才我给您的价格已经是最低的了，真的不能再低了。"当说这些话时，他把茶杯放在了两个人中间，形成了一道："楚河汉界"。

不知道你有没有发现，当你在和别人谈话时，如果感觉非常不舒服，你会无意识地用茶杯等在桌上排成一排，形成一道"防护线"。例如，当你向老板汇报情况时，如果汇报的都是一些不好的情况，老板便会做出这样的动作以表示"我不想听这样的话"。在一个人说谎的时候，他也会用茶杯、枕头等物体隔在你和他之间，以此为潜意识创造一道"防护线"，让自己好受一些。

第7章

职场瞬间增值法则
——和领导搞好关系的心理策略

在科技日新月异的今天，一个公司显然不能靠一群“马屁精”来立于不败之地。但是，具备高素质、高能力，并且善于和领导打交道的人，在工作中能得到更多的机会。只要你稍加留意，就会发现这些人总是能投其所好地说话、办事，我们不妨效仿一下！

奉承效应：言辞恭维要适度

喜欢听好话，似乎是人性的一个弱点，一些人正是钻了这样的空子，他们善于揣摸别人的心理，说话办事总是投其所好。而那些被奉承的人，明明知道对方在奉承自己，可仍然很喜欢听，以此来获得心理上的满足。这种普遍的现象，就是心理学上的“奉承效应”。

奉承效应，又被称为“拍马屁效应”，是现实生活中一种常见的现象，在很多情况下，那种善于奉承献媚的人往往更容易得到别人的赏识。这个效应可以带给我们怎样的启示呢？那就是，言辞可以拉近或推远人与人之间的心理距离，它在人际关系中起着非常重要的作用。要想拥有很好的人际关系，有分寸地使用恭敬的言辞是非常必要的。适当的场所，适当的时间，得体的恭敬，会产生令你意想不到的结果。

有一个人非常善于拍马屁，以至于他的这种不好名声传到了阴间的阎王那里。他死后，在阴间与阎王见面了，阎王一看见他便大声呵斥：“听说你在阳间非常会拍马屁，我生平最恨你这种人！”那人赶紧叩头谢罪说：“我冤枉啊！阎王，您不明白，要是世上的人都能像您一样公正廉明，那我也用不着恭维别人了！”阎王听后，立即转怒为喜，开心地说道：“想你也不敢拍我的马屁。”

倘若那个人没有这么说，他的下场可想而知，一定是被阎王爷“打入十八层地狱”，而正因为他的一句得体、巧妙的恭维，才扭转了自己的命运，让自己起死回生。

但是，这并不代表好话说得越多越好。有一句话说得好，“足恭伪态，礼之贼也。苛察歧疑，智之贼也。”意思是说，过分谦恭呈现出的是一种虚伪，不是真正的礼节；行事苛刻琐屑，不是真正的智者，即俗话所说的“过犹不及”。

下面的例子就是最好的见证：

小敏是一家广告公司的秘书，她不但长得漂亮，而且聪明伶俐，在公司一直有着很好的人缘。除此之外，她最大的特点，就是嘴很甜，特别会说话，深得领导、同事的欢心。但恰恰因她那张能说会道的嘴，给自己带来了麻烦。她总是以为每个人都喜欢听好话，尤其是在领导面前，更是要学会拍马屁。于是，她逮着谁就夸谁。为了给自己的直属上司留下好印象，也好有机会升个一官半职，她总是对自己的经理赞不绝口。“经理，您今天的西装好帅气。”“经理，您真是年轻有为呀，这么年轻在我们公司就做到了经理级别！”“经理，您今天在会上的发言好有感染力。”等等。开始的时候，经理听到这些话，感觉小姑娘很会说话。可是，时间一长，面对小敏的夸奖，经理就有点不耐烦了，他明显地感觉到她是在拍自己的马屁。

这天，小敏看到经理，又开始夸奖起来：“经理，您太太一定很漂亮吧？”“你又没见过，怎么知道我太太很漂亮？”经理板着脸答道。“您这么厉害，事业上那么成功，人长得又那么帅，眼光一定错不了啦，看到您，就知道您太太一定很漂亮的。”小敏继续谄媚地说道。“我早就离婚了，我现在没有太太，拜托，不知道的事情，不要乱说好不好。”随着“砰”的一声，经理摔门而去，小敏一时怔在那里。

事出不久，小敏就无奈地辞职了。因为她已经明显地感觉到，经理对自己爱答不理了，那种尴尬，让她实在难以面对。就这样，由于不着边际的“好话”，她丢掉了一份令好友羡慕的工作。

因此，你要清楚地认识到：“糖吃多了，坏牙，好话说多了，惹人烦。”日本语言学家桦岛忠夫更是说过：“敬语显示出人际关系的亲疏、身份、势力，一旦使用不当或错误，便扰乱了应有的彼此关系。”因此，在某种无关紧要，或是特别熟悉的人际关系中，我们完全没有必要使用恭敬语。至于，跟领导的关系，你更要把握好尺度。

领导面前，适度说些“好话”，非常必要，但是，如果一味地阿谀奉承，就会招致领导的反感。正如人们所总结的那样：“世界上的恭维可以分为两种，一种是虚荣的恭维者，当他在恭维你的同时，也希望从你那里得到恭维的回报，以此使自己的虚荣心得到满足；另一种恭维，是他在恭维你的时候，心里却在打着自己的如意算盘，希望以此从你那里得到最实惠的东西，比如金钱、权力等。”如果你的领导略通心理学，你的“好话”，他又会怎么想呢？

因此，领导面前，言辞恭维一定要适度，否则，很有可能会南辕北辙。也就是说，“拍领导的马屁”一定要看场合，分情况，不要一味地认为，只要是好话，领导就会喜欢。要知道，一个人要想在工作上有所作为，不是说你学会“拍马屁”就行，无论何时，“内功”才是最重要的，只是一些纸上谈兵的嘴皮子功夫，是不可能真正得到领导赏识的。

自己人效应：面试和反面试的秘密

这里所谓“自己人”，是指在观点、思想上与自己保持一致的人，也就是在心理上，彼此间看做是同一类型的人们。“自己人效应”，就是针对“自己人”而言，“自己人”所说的话，总是让自己觉得更容易信赖，也更容易接受。

心理学上有一个重要的定律，即“自己人效应”。所谓的“自己人效应”，简而言之，就是人们无意识的一种处世心态，即对“自己人”所说的话，更加信赖，更能接受。

电视剧中，我们经常会看到这样的画面，黑帮老大怒气冲冲地握起拳头，冲向对方，这时，“小弟”拉住他的臂膀，轻轻说道：“老大，小心中了他们的圈套。”再简单不过的一句话，甚至听起来毫无分量的一句话，为何就可以使“老大”息怒呢？其实，真正让“老大”息怒的不是“小弟”的那句话，而是他们之间的“自己人效应”。在“老大”看来，“小弟”的出发点、利益跟自己是完全一致的，因此，他所说的话，一定是站在自己的角度思考问题。

“自己人效应”，在心理学上，又被称为“情感共鸣效应”。在宣传心理学中，宣传者与被宣传者在社会地位上具有同一性或相似性，如在职业、籍贯、年龄、人生经历等方面具有共同点。那么，被宣传者就很容易把宣传者看做是自己人，从而更容易接受宣传者的观点。

如今的职场，谁都逃脱不了“面试”这一关，但无论面试的考官多么刁钻，也无论竞争多么激烈，面试的中心点只有一个，那就是企业在寻找“自己人”。倘若你能在这场较量中，成功地将考官拉为“自己人”，面试，自然就会成为你工作的通行证。下面还是先来听听雅子面试的故事吧!

一大清早，雅子按照提前约定的时间，提前几分钟来到了面试的公司。可是，刚一到公司门口，她就有些晕眩了，一个小小的部门经理职位，竟然门口排起了长龙，来面试的人，足足不下15人。“下一位。”考官漫不经心地喊道，雅子整了整衣服，自信满满地走了进去。

“您好!”简单的自我介绍后，两个人开始对白，“你以前的公司，主要是做哪些业务的呢?”考官问道。雅子一听，笑了笑，回答道:“跟这里的业务有些类似，据我对贵公司的了解……”就这样，话锋一转，雅子开始谈论起自己面试的这家新东家，而且说得头头是道。接下来，考官索性把雅子的简历放在了一边，开始问雅子对公司，对自己职位的认识，两人专心地探讨起公司的“大计”来……不多时，办公室就传来考官爽朗的笑声，雅子满脸笑容地走出了办公室。很显然，她被录取了。

其实，雅子之所以能从一大堆竞争者中脱颖而出，全依赖于她提前对公司的一些了解，她做到了知己知彼，使自己成功地转换了角色，成为考官心中的“自己人”，因此，沟通起来，才会那么和谐。

怎么样，雅子这一招够绝吧?因此，面试前，一定要摸清公司的“底细”。无论坐在你对面的考官，是严肃认真、一丝不苟，还是随意爽快、难以琢磨的，只要你能够使出浑身的解数，把他拉到“自己人”的行列，你就会掌握这场面试的主动，搞定那个坐在你对面的人。

坐标效应：开会的时候，你坐在哪里

心理学研究表明，人与人同向而坐时，会产生一种平和、亲近之感。而当人与人相对而坐时，就会产生一种自然的压迫、不自然的感受。即使一方毫无凝视对方的欲望，也会让对方的心理自然而然地形成一种攻击性。心理学家将这种在人际交往心理学中，人们由于自己与别人的坐向而影响交往质量的现象，称之为“坐向效应”。

美国有一档评论型电视节目，既然是评论型的，自然少不了大家的辩论，而且站在节目制作人的角度来讲，辩论得越激烈，节目就越成功。可起初，令制作人挠头的是，节目中找来的评论者，由于都是一时之选，总是缺乏论辩高潮，结果，节目每次都在气势不足中收场。无奈之下，节目制作人去请教一位心理学家，如何才能将节目办得更叫座。心理学家听完节目制作人的介绍后，给他提出了建议，那就是“改变辩论者座位的配置方式。”也就是说，简单改变一下每位论辩者的坐向，由以往的横排而坐，改成两人相对而坐。自从接受心理学家的这个建议后，节目每次都能掀起热烈的讨论高潮。没过多久，这个节目就成为妇孺皆知，众人争看的一档节目了。

其实，这个案例里包含着的，就是心理学的“坐向效应”，即由方向所产生的心理效应。而产生坐向效应的关键原因，就是相对而坐，因为这样会使相对而坐的两个人产生一种自然的压迫感、不自由感，容易给人造成紧张、对立的情绪。这是由正面直视的视觉“感受”而造成的，即使不是有意凝视对方，由于彼此正面相对，视线强烈，也会具有一种直刺对方心里的攻击性。而“对立”的双方，为了明确自己的观点，而且为了在辩论中，让自己的观点更具说服力，就会进行激烈地讨论。而如果彼此横向而坐或斜向而坐，让彼此的视线斜向交错，减弱视线的对立性，就可以避免尖锐的对立状态，从而使得整个节目总是在“气势不足”中收场。

千万不要小看座位的重要性，公司每周的例会，你坐在领导的哪个位置？但无论你的具体位置在哪里，都无非是两种情况，一种是坐在领导视线范围内的位置上；另一种是坐在领导的视线范围以外。来看看下面的例子，你就会明白，开会的时候，座位的位置有多么重要了。

按照惯例，每周一次的例会，对于刘伟来说，是再正常不过的事。但这次的例会却有些特别，他由以前坐到角落里的“风水宝地”换到了领导身边。这是因为自己手头上一笔单子很急，开会来晚了。整个例会下来，刘伟感觉自己简直就是站在七月的日头底下，那种感觉简直无以言表。

离开会还有几分钟时，领导突然亲切地跟刘伟聊了起来。“你叫刘伟吧？最近接了什么单子？”老板问道。“省电局的单子。”刘伟说。“哦，电力局的单子是你做的！不错，不错。”老板在说这句话的同时，眼睛里显然有一道亮光闪过。

过了一会儿，老板不动声色地对刘伟说：“小伙子，要是不怕苦，去华西分区试试吧!”华西分区是公司最近新开发的一个地区，前往的都是公司的骨干和精英，老板点名让刘伟去，刘伟当然知道这意味着什么。看来，想成功就应及时走进老板的视线，刘伟心里暗想，随后信心满满地说：“只要领导信任，我随时准备为公司效力。”

华西地区的业务开发得非常成功！如今的公司高层会议室里，多了一个身影，那就是刘伟。如今的他，跟那个坐在老板旁边，手心就渍渍地冒汗的黄毛小伙，简直判若两人。现在他不但能够坦然地坐到老板的身边，还会自如地坐到诸位的对面，对每个人致以自信的微笑……

刘伟的案例告诉大家，老板身边的空位，是自我提升的“宝座”。说它是宝座，这倒也不假，因为它恰如其分地解释了心理学上的“坐向效应”。

想必时下，仍有很多职场上的志士同仁在抱怨自己再“请缨无路，报国无门”。抱怨自己在公司里得不到领导的赏识和重用，即便自己再怎么努力，老板也总是“视”而不见。这时，你可以扪心自问，开会的时候，“我都坐到了老板的哪个位置？”如果你像极了前面的刘伟，只是默默无闻地坐到角落里，老板没有发现你，没有提拔你，请问这是谁之过？

因此，要想得到领导的赏识和提拔，你就要有与领导“套近乎”的勇气，关键时候，更要不惜抛头露面。只有走进领导的视线，让他注意到你，他才有关注你、欣赏你、提拔你的可能。

小草影响：在上司面前要学会装嫩

身在职场，我们必须先懂得一些“潜规则”，即在职场上要懂得收放自如的为人处世原则，该收的时候就收，该放的时候就放，该表现的时候一定要尽力表现，不需要表现得太抢眼的时候尽量要保持低调。尤其是在上司面前，尽量不要太过强势，有时候甚至要故意装装“嫩”，这就是所谓的“小草影响”。

身在职场，我们必须遵守其内在的运行规则，积极表现无可厚非，谁不想给上司留下个好印象呢？不过我们也千万不要忘了这四个字——过犹不及。也就是说，在上司面前表现自己，这本身并没有错，但是如果表现过度的话，很可能产生“致命后果”。

张琳琳在一家广告公司做文案和创意工作。名牌大学广告专业高材生的光环与多年从业经验令她对自己的广告创意充满自信。平时，不管做什么，她压根儿听不进别人的意见，更不能容忍别人对她的创意“说三道四”。即使是自己的顶头上司——创意总监，张琳琳也完全不放在眼里。张琳琳认为，他算什么创意总监，能力根本在自己之下。创意总监对张琳琳的这种性格也非常不满，但是张琳琳的能力确实很强，所以拿她也没办法。

一次，在某知名品牌手机的广告方案讨论会上，广告客户对张琳琳的方案提出了质疑。张琳琳对此十分恼火，说对方就知道卖东西，根本不懂创意，一点艺术修养也没有。张琳琳的行为招致了客户的反感，客户最终取消了与她们公司的合作。这以后，创意总监对张琳琳更有了“看法”。

又有一次，公司要选送广告作品去参赛，张琳琳的作品也在候选之列，但最终一位新人的作品被公司敲定去参加比赛。张琳琳听说后，非常生气，居然找到创意总监兴师问罪，还为此一连请了数天的“病假”。

其实，张琳琳的作品创意不错，甚至好过那个新人的作品。然而公司高层在投票的时候，居然齐刷刷地都把票投给了那个新人。为什么呢？因为张琳琳平时的锋芒太露了，其他高层管理人员也明显感觉到了这一点，所以想借此机会故意挫挫她的锐气。

很多时候，自以为优越总是讨人嫌的。在职场上更是如此，如果在职场上你处处表现得太过强势，锋芒太露，尤其是当我们的锋芒已经盖过上司的时候，随之而来的可能就是连续不断的麻烦了。这是职场上的一个大忌，张琳琳正好是犯了这个大忌。

张琳琳的经历值得我们深思。在职场上，不管我们能力多强，我们都要试着低调一点，尤其是在领导和上司面前，很多时候甚至要故意地装装“嫩”，懂的时候也要装不懂，把面子留给上司，让上司在我们面前保有无限的优越感。这样我们才能消除上司的戒心，获得上司的好感。正如下面这个例子中王贤所做的一样：

王贤毕业于北京一所著名的大学，毕业后在一家外企找到了一份不错的工作。王贤到公司上班后，由于其各个方面都很优秀，所以表现得非常出色。部门经理慢慢地对王贤有了很大的戒心。也难怪，部门经理是自学成才的"土八路"，王贤可是名牌大学的硕士生。

好在王贤及时发现了部门经理好像对自己有那么一点不满意，因此，他调整了自己的心态，对自己的处境和地位作了一个清楚的分析，王贤告诉自己："绝对不能有'抢班夺权'的歹念。"之后，他便在"大智若愚"上做起了文章，想以此消除上司对他的戒心。例如，每次在业务会上，王贤对自己的真知灼见、远见卓识总是有意打下埋伏，以留下思维的空间给经理作总结。平常，王贤也尽量表现得"俗"一点，收敛自己的锋芒，经常向经理请示汇报，不擅自做主，特别是一些决策性的工作，王贤都等经理表态。

有一次，部门经理出差不在家，有一笔生意其实王贤看得很准，肯定能赚大钱的，但他还是向远在千里之外的经理请示，说自己吃不准，请经理定夺，把"功劳"让给了经理。经过一段时间的相处，部门经理对王贤彻底消除了戒心，他把好多重大的决策权都主动下放给王贤，使王贤能充分地发挥自己的才华。当然，王贤和部门经理之间的关系也越来越和谐。

和张琳琳的强势做法不同，王贤选择了"低调"的为人处世方法，他很清楚自己所处的地位和处境，在日常生活和工作中给自己的部门经理留足了面子，最终消除了部门经理对自己的戒心，获得了部门经理的赏识，保全了自己。毫无疑问，王贤的做法是值得我们效仿的。

虚荣效应：满足上司的虚荣心理

虚荣效应，属于较为典型的连带外部负效应，心理学上将人们的这种心理归为人的“虚荣心”。放在职场中，如果我们能在适当的时候适当地满足一下上司的虚荣心理，我们将会在工作中顺风顺水，省去很多不必要的麻烦。

从本质上讲，虚荣心是一种扭曲了的自尊心，是自尊心的过分表现，是一种追求虚荣的性格缺陷，是人们为了取得荣誉和引起普遍的注意而表现出来的一种不正常的社会情感。

根据弗洛伊德的理论，人的虚荣心理应该是从出生就产生了，即每个人天生就有一种虚荣心理。既然所有人都有虚荣心理，那么我们在人际交往的过程中就不应该忽视交际对象的“虚荣心理”。也就是说，在与人交往的过程中，我们要学会了解对方的虚荣心理，也要学会不失时机地满足对方的虚荣心理，这样我们的人际交往会变得更顺利。

事实也证明，在工作中，如果我们能在适当的时候适当地满足上司的虚荣心理，我们将会在工作中顺风顺水，省去很多不必要的麻烦。

李雷是一家油漆厂的业务人员。这一天，他自信满满地来到了一家家具公司，想向这家公司推荐一种新型的油漆。

然而，当李雷走进这家家具公司老板的办公室的时候，他并没有得到热情的款待。说明来意之后，家具公司的老板杨总只是冷冷地回了他这样一句话：“如果你们的油漆产品足够便宜，价格足够合理，我们还有的可谈，如果价格高过市场最低价很多的话，我们就没有什么可谈的了。所以，你好好想一下我的话就请回去吧。另外，我们已经有满意的合作伙伴了。”

李雷一听这话，心里“咯噔”一下，心想这样可不行，今天必须搞定这个客户。李雷眼睛一眨，计上心来，连忙对杨总说：“不！不！不！我此行除了推销我们公司的油漆，还有另外的目的。我听说，贵公司的家具质量相当好，特地来拜访一下。另外，我早就久仰您的大名，您是本市最杰出的企业家之一，您经过短短几年的时间，就取得了这么辉煌的成就，真是让人羡慕！对于我这样一个年轻人来讲，您的经历和您的成就对我肯定会有不一般的影响。所以，杨总，能不能浪费您几分钟的时间，给我讲一讲您的创业经历呢？”

杨总的情绪本来并不是很好，但是一听这个年轻人这样说，顿时兴奋起来：“哪里哪里！年轻人啊，你有这样的心态，不容易。现在的年轻人都特别浮躁，很少有像你这样虚心的年轻人了。说起我的创业史啊……”紧接着，杨总就地把自己这几年经历过的艰辛简单地介绍了一下。

李雷认真地听着杨总的讲述，并不时地对杨总的讲述回以掌声和点头默许。

杨总讲完之后，用手拍拍自己的办公桌，一脸骄傲地说：“看见了吗？这都是我自己上的漆。”

李雷当然没有忘记自己此行的真正目的，于是快步走上前去，也用手敲了敲那个办公桌，并且还滴了一滴水在上面，并用手仔细地摸了摸，然后才用纸巾把水擦干净。之后，他对杨总说：“的确，杨总的手艺真是不一般。这桌子的款式真不错，非常大气，非常符合杨总您的身份。您看这漆上的，一眼就能看出是有手艺在里面的。但是……但是我有一点小小的建议，不知道当讲不当讲……”

“没关系，你有什么建议就大胆提，我这个人是最虚心的。”杨总拍着胸膛大声说道。

“杨总您真是大人有大量，我是觉得这漆的质量不是很好，主要是防水性不是很好，您看一下……”李雷不失时机地把话题转移到了正题上。

“是吗？我看一下。”杨总连忙低下头去仔细观察，并不住地点头，一会儿就有了回应：“小伙子，不简单，你说得对。”

紧接着，李雷就以此为突破口向杨总介绍自己今天带来的这款新型漆的最大的特点就是在继承传统漆所有优点的基础上，大大增强了防水性。

杨总当时就对这种新型的防水漆产生了浓厚的兴趣。半个小时后，心情大好的杨总当场就和李雷签订了一笔大单子。

李雷是如何说服杨总和自己成功签订订单的呢？很明显，是受益于对杨总的那一番夸奖和赞赏。也许，那一番恭维只是表面上的客套话，但是它们却正好说到了杨总的心坎上，正好满足了这个家具公司大老板的虚荣心理，以致让他的态度从“冷淡”到“热情”来了一个180 度的大转弯，并最终促成了签约。

总而言之，人人都有虚荣心，没有人不喜欢被赞美。因此，在人际交往的过程中，我们要试着在适当的场合、适当地赞美，以满足对方心理的“虚荣需求”，从而促进人际关系的和谐发展。

光环效应：发光要趁早，让领导知道你行

“光环效应”是指由于对某人的某种品质或特点有清晰的知觉，印象较深刻、突出。这种被强烈知觉的品质或特点，就像月亮的光环一样，掩盖了人们对这个人的其他品质和特点的清醒认知。在人际交往中，如果我们能好好利用光环效应，学会突出自己的优点，隐蔽自己的缺点，会有利于我们获得别人的赏识。

“光环效应”又称“晕轮效应”、“成见效应”、“光圈效应”、“日晕效应”等，是一种影响人际知觉的因素，指在人际知觉中所形成的以点带面或以偏概全的主观印象。这种爱屋及乌的强烈知觉的品质或特点，就像月晕的光环一样，向周围弥漫、扩散，所以人们就形象地称这一心理效应为“光环效应”。

和光环效应相反的是“恶魔效应”，即对人的某一品质或对物品的某一特性有坏的印象，会使人对这个人的其他品质，或这一物品的其他特性的评价偏低。

“光环效应”会直接影响一个人对于其他人的人格魅力的判断。每个人都会在不同程度上受到“光环效应”的影响，对别人产生认识上的偏差。我们来看这样一个故事：

春秋战国时期，卫国大臣弥子暇深受卫灵公的宠爱。

一天晚上，弥子暇听说母亲突然生病，就偷偷驾着卫灵公的车赶回家看望母亲。按照当时卫国的法律，私自偷乘国君的车的人是要被砍掉双脚的。

但是，卫灵公得知此事以后，非但没有怪罪于弥子暇，反而称赞他说："真是孝顺呀！为了看望母亲，连违法受刑也顾不上了。"

又有一次，弥子暇陪同卫灵公观赏果园。弥子暇尝了一个桃子，觉得很好吃，就把吃剩的桃子给卫灵公吃。按常理，臣子将吃剩的东西给国君是大不敬的事，但卫灵公却说："你真是爱戴我呀，有好东西也不独自享用，还留下来给我尝。"

后来，弥子暇因某事冒犯了卫灵公而失宠。卫灵公想起过去的事，就气呼呼地说："这家伙早就不是个好东西——擅自驾乘我的车，还把吃剩的桃子给我吃，真应当从严处罚！"

卫灵公这种前后态度的巨大转变，就体现了"光环效应"的影响：在他宠爱弥子暇的时候，认为弥子暇做的事都是好的；在不满意弥子暇的时候，便认为他做的一切都是坏的，连以前认为好的事也变成坏的了。

其实，光环效应的形成原因，与我们的知觉特征之一——整体性有关。我们在知觉客观事物时，并不是对其个别属性或部分孤立地进行感知的，而总是倾向于把具有不同属性、不同部分的对象知觉为一个统一的整体，这是因为知觉对象的各种属性和各个部分是有机地联系成一个复合刺激物的。

另外，从心理学的角度来看，对人知觉时的晕轮效应，还在于内隐人格理论的作用。人的有些品质之间是有其内在联系的。比如，热情的人往往对人比较亲切友好，富于幽默感，肯帮助别人，容易相处；而冷漠的人较为孤独、古板，不愿求人，比较难相处。这样，对某人只要有了"热情"或"冷漠"的一个核心特征，我们就会自然而然地去补足其他有关联的特征。

在与领导交往的过程中，我们每个人都想给领导留下一个好印象。为了达到这个目的，我们不妨好好利用一下"光环效应"：在与人交往的过程中，尽量在领导面前充分展示我们的优点，让领导看到我们优秀的一面，久而久之，领导会因为"光环效应"而对我们产生一个总体的好评价。

当然，我们在展示自己优点的同时也要尽量避免让领导看到我们的缺点和不足，以防对方因为“恶魔效应”而对我们产生一个总体的坏印象。

总而言之，如果想让领导看到我们的优点而赏识我们，不妨学着在他面前突出自己的优点，往自己的身上多贴点“金”。

反暗示效应：换种思维，让上司跟着你走

“反暗示效应”是指在有一定心理对抗的情况下，用夸张或者激将的间接方法影响别人的行为，从而诱导别人做出有利于我们的行为，达到自己的目的。我们在处理人际关系的过程中，如果能够巧妙地利用一下“反暗示效应”，也就可以轻松驾驭别人的心理和影响别人的行为。

很多人都不知道如何与上司打交道，其实，我们在与他们交往的过程中，如果能很好地利用“反暗示效应”，便可以轻松驾驭对方的心理、影响他们的行为，从而达到我们的目的。

什么是“反暗示效应”呢？我们先来看这样一个小故事：

春秋战国时期，有一次，秦国的相国吕不韦回到家里，脸色非常难看，看上去十分恼怒，甘罗见状，就走上前问道：“丞相有什么心事，可以告诉我吗？”

吕不韦心里正烦躁得很，见是甘罗，就挥挥手说：“走开，走开，小孩子知道什么？”甘罗高声说道：“丞相收养门客不就是为了能够替你排忧解难吗？现在你有了心事却不告诉我，我即便想要帮忙的话，也没有机会啊！”

吕不韦见他说话挺有自信的样子，就改变了态度，说：“皇上派刚成君蔡泽到燕国为相，已经三年了，燕王对他很满意。燕王派太子丹到秦国

做人质，表示友好，我派张唐到燕国为相，占卦的结果也很吉利，可是他却借故推辞不去。”

事情原来是这样的，张唐是秦国一位大臣，曾率军攻打赵国并占领了大片的土地，赵王对他恨之入骨，声称如果有人杀死张唐，就赏赐给他百里之地，这次出使燕国必须经过赵国，所以张唐推辞不去。

甘罗听了，微微笑道：“原来是这样一件小事，丞相何不让我去劝劝他？”吕不韦责备他：“小孩子不要口出狂言，我自己请他他还不去，何况你小小年纪。”

甘罗听了不服气地说：“我听说项橐七岁的时候就被孔子尊为老师，我现在比他还大五岁，你为何不让我去试试，如果不成功的话，你再责备我也不迟啊！”

吕不韦见他语气坚定、神气凛然，心里不由暗自赞赏，于是就改变了态度，放缓了口气说：“好，那你就去试试吧！事成之后，必有重赏。”

甘罗见他答应了，也就没多说什么，高高兴兴地走了。

甘罗到了张唐家里。张唐听说是吕不韦的门客来访，连忙出来相见，但发现甘罗不过是个十多岁的小孩子，不由得心生轻视，张口就问道：“你来干什么？”

甘罗见他态度傲慢，就说道：“我来给你吊丧来了。”

张唐听了大怒：“小孩子怎么能这样说话，我家又没死人，你来吊什么丧？”

甘罗笑道：“我可不敢胡说啊，你听我讲清一下原因。你和武安君白起相比，谁的功劳更大啊！”

张唐连忙答道：“武安君英勇善战，南面攻打强大的楚国，北面扬威于燕赵，占领的地方不计其数，功绩显赫。我怎么敢和他相比啊？”

“应侯范雎和文信侯相比，谁更专权独断啊？”甘罗接着问道。应侯是秦国以前的一位丞相，文信侯即吕不韦。

张唐答道："应侯当然不如文信侯专权独断啦！"

甘罗说道："你真的知道应侯不如文信侯专权吗？"

张唐说道："当然了。"

甘罗听了笑道："既然如此，那你为何还推辞不去呢？我听说，应侯想攻打赵国的时候，武安君反对他，离开咸阳七里就被应侯派人赐死，像武安君这样的人尚且不能被应侯所容忍，你想文信侯会容忍你吗？"

张唐听了这话，不由得直冒冷汗。甘罗见状又说："如果你愿意去燕国的话，我愿意替你先到赵国去一趟。"

张唐连忙称谢答应了。

甘罗是怎么说动张唐的？为什么相国吕不韦办不到的事情，少年甘罗的只言片语就办到了呢？通过甘罗和张唐的谈话，我们就可以发现这其中的缘由。其实，甘罗正是巧妙地应用了"反暗示效应"。

甘罗找准了张唐的心理弱点，他以此为突破口，借用"文信侯和武安君"的历史事实，刻意地夸大了"张唐如果不出使燕国"的后果，这实际上是给了张唐一种心理上的反暗示，正好击中了他的心理要害。在这种情况下，张唐意识到了自己的危险处境，他不得不答应出使燕国。这就是"反暗示效应"的神奇之处。

当然，"反暗示效应"的应用也不能太盲目，要注意以下三点：第一，不到万不得已，最好不要使用这种方法；第二，要看领导的类型，如果你的上司是那种"天不怕地不怕"的人，暗示的结果对对方构不成威胁的话，最好也不要使用这种方法；第三，要想好一旦"反暗示效应"没有达到预期效果时的补救措施。

凹凸效应：不卑不亢，让领导另眼相看

在工作时，我们不应该因为领导在某些方面比我们强大就显示出奴颜婢膝的样子，我们要学会不卑不亢，把领导视为常人，用公平心对待。奴颜婢膝肯定不会帮助我们获得领导的好感；高高在上的姿态也一定会让越来越多的人反感我们，这就是所谓的"凹凸效应"。

不卑不亢，从根本上讲就是平等待人，在比自己强的人面前，不要畏缩；在比自己弱的人面前，不要骄纵。

在纷繁复杂的社会中，地位有高低，学问有深浅，但对所有的人来说，人格都是平等的。在工作中，我们不管做什么事情，不管与什么样的领导共事，都要秉承"不卑不亢"的做人原则。实际上，也只有当我们做到不卑不亢的时候，才会让我们的交际对象对我们刮目相看，既不敢小瞧我们，又不至于不敢与我们交际。

《东周列国志》里的"晏子使楚"的故事记述的正是晏子"不卑不亢"的行为典范：

晏子是齐国的重臣，一向以雄辩的口才、敏捷的思维而闻名。

一次，齐王派晏子出使楚国。楚王知道晏子将出使楚国后，便想趁机羞辱齐国，同时楚王也想趁机奚落一下这个被称为"齐国第一谋士"的矮个子——晏子，因为楚王一直认为晏子是徒有虚名，非常看不起他。

楚王知道晏子个子矮小，便特意在城门旁开了一个小门，准备迎接晏子。

晏子来到楚国首都的时候，守门的侍卫打开小门，请晏子从小门口进城。

晏子心里清楚楚王的用意，便停在门口，对侍卫说："请你禀报楚王，问他这里是什么地方，如果我出使的是狗国，那我自然该从这个小门洞里进去，如果楚国不是狗国，那我还得从大门进去。"

侍卫急忙传话给楚王。楚王一听，无奈之下，只好让晏子从大门进城。通过这一点，楚王对晏子的印象有了一点改观。

晏子见过楚王之后，双方就座。楚王看着矮小的晏子，故作不解之状，问道："齐国的人一定不多了！"晏子反问道："何出此言？齐国仅仅国都便有成千上万户人家，齐国的街市里，热闹的时候要互相侧着身子才能通过，人多得可谓：举手蔽日，挥汗成雨。"

楚王仰天大笑："既然如此，怎么会派你这样的人来做使臣呢？"

晏子不动声色地回答："君王有所不知，我们齐国有一个不成文的规矩：派遣使臣要依据出使国家的情况来定。对方的国君是明礼的，便派明礼之人为使臣；对方国家若是有才智的，便派有才智的人出使。这次出使贵国，齐王在齐国实在找不出比我更愚蠢的人了，所以只好派我出使贵国了。"

楚王一听晏子这么说，心想：这晏子还真是能言善辩。楚王虽然表面上假装无事的样子，但是心里还是有点不服气，便招呼晏子到厅堂，安排酒席款待晏子。

席间，两位兵士押着一个犯人来见楚王，楚王问其人所犯何罪，兵士按设计好的话回答："这位齐国人是个劫匪。" 楚王故意摇头对晏子说："齐国人怎么喜欢做这样的事？"晏子也摇摇头说："齐人在国内从不做犯法之事，到了楚国便成了这个样子，真是风气不同啊！"一听晏子这么说，楚王赶紧让士兵押着那个罪犯下去了。至此，楚王对晏子的看法有了180 度的大转弯，对于晏子的能言善辩，楚王是彻底佩服了，连忙说："久闻晏子先生是齐国的第一谋士，今天一见，果然是名不虚传啊！佩服！佩服！来！鄙人敬先生一杯！”

晏子是如何改变楚王对自己的态度的呢？正是凭借自己不卑不亢的人格魅力。这样的为人处世风格值得我们学习。

实际上，人和人是平等的。如果我们因为对方比我们强大就表现出奴颜婢膝的样子来讨好他们，以此来获得他们的赏识和信赖，结果往往会相反。例如，有些人不惜牺牲自己的尊严，去逢迎领导，哪怕领导对自己傲慢无礼，这种“卑己而尊人”的做法确实不妥！俄国作家契诃夫写过一个小公务员的故事：

一个小公务员上班的时候，不小心打了一个喷嚏，他疑心溅到上司身上了，便多次找机会向上司解释：自己并不是故意的。

其实这仅仅是一件小事，上司根本没放在心上。这个小公务员的多次解释使本来并不在意的上司大为恼火，并为此责骂了小公务员。遭到责骂后，小公务员又惊又怕，最后竟因此患抑郁症而死。

这虽然是艺术的夸张，但也是人生的写照。小公务员不是死于生理疾病，而是死于一种病态的人格。

在现实生活中，如果我们为了能获得领导的青睐和赏识，也如此这般奴颜婢膝地去讨好别人，可能会让对方越来越讨厌我们。相反，如果我们能做到自尊自爱，与人交际不卑不亢，我们反倒很可能会获得对方的赏识。鲁迅先生有一句话是这样说的：“不要把自己看成别人的阿斗，也不要把别人看成自己的阿斗！”放到这里，再合适不过了！

特里法则：在上司面前敢于承认错误

“特里法则”的内容是说，一个人如果犯了错误就要勇于承认，而不是唯唯诺诺，死要面子活受罪。其实，如果我们能够勇于承认错误，不仅可以清除罪恶感和自我护卫的气氛，而且有助于解决这项错误所制造的问题，更重要的是不会造成更严重的人际矛盾，不会引起别人因此而对我们产生的误会和敌意。

在日常生活中，谁都难免会犯一些错误，也会面临在承认错误和逃避错误之间做出选择。每当这个时候，很多人会犹豫不决，实际上是缺乏承认错误的勇气。事实上，犯错误并不可怕，可怕的是很多人不能正确面对自己的错误，不能够勇于认错。其实，对于已经犯下的错误，如果已经不可挽回的话，唯一的选择就是直面自己的错误，勇于承认错误，以免造成更大的损失，引起不必要的连锁麻烦。这就是人们常说的“特里法则”。

赵琳出门办事，上司催她快点回来，说部门要开个会。可赵琳上了出租车后，路上堵车，出租车根本就跑不起来。

上司让赵琳三点之前回到办公室。结果赵琳四点半才慌慌张张地跑回来。一进办公室，上司就生气地冲她大发雷霆，质问她为什么这么晚才回来，影响大家开会。

赵琳本来在出租车里已经憋了一肚子火，现在上司不仅不体谅自己，反而朝自己发火，于是她委屈地跟上司申辩并顶撞起来。

听到吵架声，部门经理过来了。得知“赵琳不仅迟到，还顶撞上司”的情况，部门经理也很生气。于是，刚进公司才几个月的赵琳被炒了鱿鱼！

赵琳的上司该不该体谅赵琳呢？也许上司应该体谅一下赵琳，但是，如果赵琳一进门就说句“对不起”，主动向上司道歉，主动向上司解释清楚事情的真相的话，那结果可能就是另外一种情形了。

其实，在职场中，一旦犯错，说声“对不起”，就能大事化小，小事化无了。说声“对不起”并不代表我们真的犯了什么大不了的错误，也并不代表我们做了什么伤天害理的坏事，“对不起”只是一种软化剂，能使双方都有后退的余地，能为下一步的交流沟通创造条件。如果我们犯了错误，能够勇于认错的话，对方一般来讲都会原谅我们，甚至可能因此而对我们产生好感，从而更看重我们。

诸多事实也证明，对于自己犯下的错误，如果我们能够勇于承担，就能澄清误会，挽回局面，也更能化解对方对我们的误解和敌意。

新墨西哥州阿布库克市的布鲁士·哈威，错误地核准付给一位请病假的员工全薪。在发现这项错误之后，他告诉这位员工并且解释说必须纠正这个错误，他要在下次薪水支票中扣除多付的薪水金额。

这位员工说，这样做会给他带来严重的财务问题，因此请求分期扣回多领的薪水。但这样哈威必须先获得他上级的核准。

“我知道这样做……”哈威说，“一定会使老板大为不满。在我考虑如何以更好的方式来处理这种状况的时候，我了解到这一切的混乱都是我的错误，我必须在老板面前承认。”

于是，哈威找到老板，向老板说明详情并承认了自己的错误。老板听后非常生气，立刻大发脾气，先是指责人事部门和会计部门的疏忽，后又责怪办公室的另外两个同事。

这其间，哈威则反复解释说这是他的错误，不关别人的事。最后老板看着他说：“好吧，这是你的错误。现在把这个问题解决掉吧。”

后来，这项错误改正过来了，没有给任何人带来麻烦。从那以后，老板在不知不觉中，更加看重哈威了。

可见，有错就改，何乐而不为呢？

其实，一个人有勇气承认自己的错误，也可以获得某种程度的满足感。这不仅可以消除罪恶感和自我卫护的气氛，而且有助于解决这项错误所制造的问题，更重要的是不会造成更严重的人际矛盾，不会引起别人因此而对我们产生的误会和敌意。

向领导提建议也要讲究心理策略

职场上流传这样一句经验之谈：永远不要向你的上司提意见！从表面上看，这样的说法似乎很有道理，但实际上这只不过是基于一种很简单的逻辑：一般人都不爱听反对自己的话。其实，这是一种非常消极、非常愚蠢的思路，领导需要和赏识的永远都不会是一堆跟屁虫和毫无主张、见解的家伙，他需要的是一个有创新能力的团队。

事实上，金无足赤，人无完人。很多时候，上司会在一些不恰当的场合做出一些不恰当的决定，也许是故意刁难，也许是能力缺陷。这都足以干扰我们的工作，破坏我们的事业。如果我们只是被动地逆来顺受也不是办法。但上司大权在握，居高临下，如果激烈反击，受伤的很可能就是我们自己。那么，我们应该怎么办呢？其实，这时候，果断、大胆、勇敢地向上司“进言”，向上司提意见，也是不错的选择。凡人都有向往好事物的一面，如果我们在适当的时候能向我们的上司提几点“建议”，说不定恰好会得到上司的欣赏。

当然这里不得不强调的一点是，给领导提意见不能直来直去，必须讲究一点心理策略，必须适当地使用一些小技巧。否则的话，我们会引火烧身。也就是说，我们在向上级或者领导提意见的时候，一定要审时度势，一定要先揣摩一下上司或者领导当时的心境，然后再组织好言辞，向上司或者领导“进言”，这样才能提高领导采纳我们建议的可能性，甚至有可能引发领导对我们的好感和重视。事实上，如果我们的意见是实用的，我们的态度是诚恳的，那么上司是不会断然拒绝的。

我们来看这样一个小故事：

楚国在城濮被晋国战败以后不久，楚成王就被他的儿子商臣害死了。商臣当上了国君，便是楚穆王。楚穆王对失败不甘心，抓紧操练兵马，发誓要与晋国决一雌雄。他首先将附近的几个小国兼并了，又将中原的陈、郑等国拉了过去。周顷王六年，楚穆王要雄心勃勃发愤大干的时候，突然得暴病死了。他的儿子旅即位，就是赫赫有名的楚庄王。

晋国见楚国忙于办丧事，重新会盟诸侯，订了盟约。之后，晋国随即将楚国拉过去的陈、郑等国又收回到自己的势力范围之内。

这一下，楚国的大臣们全急了，纷纷表示要与晋国决战。但是，楚庄王无动于衷。继位后的三年之内，楚庄王每天做的事情就是吃喝玩乐。他整天打猎、喝酒，不理政事，还在宫门口挂起块大牌子，上边写着："进谏者，杀毋赦！"

这一天，大夫伍举进见楚王。楚庄王手中端着酒杯，口中嚼着鹿肉，醉醺醺地在观赏歌舞。他眯着眼睛问道："大夫来此，是想喝酒呢，还是要看歌舞？"

伍举话中有话地说："有人让我猜一个谜语，我怎么也猜不出，特此来向您请教。"

楚庄王一面喝酒，一边问："什么谜语，这么难猜？你说说。"

伍举说："谜语是：楚京有大鸟，栖上在朝堂，历时三年整，不鸣亦不翔。令人好难解，到底为哪桩？您请猜猜，不鸣也不翔。这究竟是只什么鸟？"

楚庄王听了，心中明白伍举的意思，笑着说："我猜着了。它可不是只普通的鸟。这只鸟啊，三年不飞，一飞冲天；三年不鸣，一鸣惊人。你等着瞧吧。"

伍举明白了楚庄王的意思，便高兴地退了出来。

过了几个月，楚庄王这只大鸟依然如故，既不“鸣”，也不“飞”，照旧打猎、喝酒、欣赏歌舞。大夫苏从忍不住了，便来见庄王。他才进宫门，便大哭起来。楚庄王说：“先生。为什么事这么伤心啊?”苏从回答道：“我为自己就要死了伤心。还为楚国即将灭亡伤心。”楚庄王很吃惊，便问：“你怎么能死呢？楚国又怎么能灭亡呢?”

苏从说：“我想劝告您，您听不进去，肯定要杀死我。您整天观赏歌舞，游玩打猎，不管朝政，楚国的灭亡不是在眼前了吗?”

楚庄王听完大怒，斥责苏从：“你是想死吗？我早已说过，谁来劝谏，我便杀死谁。如今你明知故犯，真是傻极了！”

苏从十分痛切地说：“我是傻，可您比我还傻。倘若您将我杀了，我死后将得到忠臣的美名；您若是再这样下去，楚国早晚是要灭亡的。您就当了亡国之君。您不是比我还傻吗？我的话说完了，您要杀便杀吧。”

楚庄王忽然站起来。动情地说：“大夫的话都是忠言，我必定照你说的办。”

随即，楚庄王便传令解散了乐队，打发了舞女，决心要大干一番事业。楚庄王的一代霸业也正是由此开始的。

在楚庄王“进谏者，杀毋赦”的禁令之前，伍举和苏从究竟是靠什么说服了顽固的楚庄王的呢？这里面的“学问”值得我们深思。通过这个小故事，我们可以得到这样的启示：即使是再顽固的上级或者领导，只要我们能够采取科学合理的说服措施，只要我们善于“攻心”，有效地“进言”或者让领导采纳我们的建议也是有可能的。

也就是说，身在职场，并不是完全不能向领导进言，并不是完全不能向上司提建议，关键是我们要讲究心理策略，要善于揣摩上司或者领导的心理，要掌握一些向上司进言、向上司提建议的技巧和方法。

以下是我们的一些小建议：

（1）上司大多更喜欢听建议，聪明的下属，要学会巧妙地将“意见”

转化为“建议”。

（2）提意见时一定要设身处地站在上司的立场上，不仅提出意见，更重要的是提出解决问题的方案。这样才能赢得上司的信任和赏识。

（3）说话要注意“态度诚恳，言语适度”，恰到好处地表达出你的意思。即使上司不完全赞同你的观点，也不会影响他对你个人的看法。

（4）对聪明睿智的上司，提意见时不一定非要在办公室，可以在饭桌上、汽车里、走廊等不太正式的场合，趁他高兴，借着聊天开玩笑，随口就把意见温柔地抛过去，让他心领神会。

（5）提建议不要涉及上司的观点和方案，而应阐述自己知道的事实、想法、方案，并且说明“这不一定对，仅供上司参考。”事实上，越是善意的、建设性的建议，越是可能被上司接纳。

（6）对性情暴躁、自以为是的上司，谈话时要注意对方的反应，通过表情和肢体语言，判断他是否接受你的观点。如果不接受，别太坚持，让他撞了南墙再回头吧，到时候他会更加感谢你，并欣赏你的先见之明。

（7）上司也是普通人，每天公务缠身，他未必总有好心情。所以，要学会选择合适的时机说合适的话。一般早晨刚上班，上司心情好，谈话效率很高。下班前，他忙碌了一天，心情极其烦躁，你就千万别再火上浇油了。

（8）在上司高兴时提建议。往往人在高兴的时候会很容易接受意见。娱乐是上司难得的放松机会，娱乐中给上司提建议，更容易被上司接受。此时，你可采取潜移默化传输思想的方式，也可以运用借题发挥巧妙引申的方法。

最后要提醒的一点是，在向上司提建议的时候一定要先肯定对方的意见。提建议时，注意多从正面有理有据地阐述你的见解。有民主要求还要有民主素质，即要懂得尊重他人的意见，尊重上司的意见，这样上司才会承认你的才干。对上司个人的工作提建议时，要更加谨慎一些，我们需要认真考虑自己老板的特点，研究他喜欢用什么方式接受下属的意见。对大大咧咧的上司可用开玩笑建议法，对严肃的上司可用书面建议法，对自尊心强的上司可用个别建议法，对喜欢听赞扬的上司可用寓建议于褒奖之中的方法，等等。

第8章

职场中的“载舟”法则
——和下属搞好关系的心理策略

身为领导者，如果领导无方，最终就会导致团队的分崩离析。因此，如何才能使自己的团队更具有凝聚力、向心力，是每位领导者必须考虑的问题。聪明的领导者，总是善于观察下属的行为取向，从而了解他们内心真实的想法，适当地给予满足。而那些飞扬跋扈的专权者，从不顾及下属的感受之人，最终，只能是落得众叛亲离，将自己置于孤立无援的境地！

胡萝卜加大棒效应：笼络下属要懂得体察下属的“心”

“胡萝卜加大棒”是激励方式中的一种。这种暗喻是指运用奖励和惩罚两种手段以诱发人们所要求的行为。它来源于一则古老的故事“要使驴子前进”就在它前面放一根胡萝卜或者用一根棒子在后面赶它。这种理论认为，人的情感是非理性的，会干预人对经济利益的合理要求，组织必须设法控制个人的感情。

一个领导如何让自己的小团队更有人情味呢？这就需要领导具有非凡的笼络下属的能力。如何笼络下属？要用“心”。在职场上，恭维上司要学会察言观色，才能把话说得恰到好处，在笼络下属的时候同样也要学会察言观色，这样才能真正笼络住下属的“心”。

无论是谁，都愿意在一个富有人情味的团队里工作和生活。这种人情味的注入，首先是该团队领导的责任，因为领导是否善解人意，是否体恤和关怀下属，直接决定着这个团队人性化氛围的浓度。

如何笼络下属呢？首先要做一个有“心”的领导，要会体察下属的“心”，要知道下属真正需要什么，并适当地满足其需求，这样才能真正把下属团结在自己周围，让自己工作起来更顺利。否则，在笼络下属的时候如果不注意体察下属的心理需求，就很容易事倍功半，甚至还会引发下属的不满情绪。

公司财务部张经理结算了一下上个月部门的招待费，发现有一千多元钱没有用完。按照惯例，他会用这笔钱请手下员工吃一顿，于是他走到休息室准备叫员工张也通知其他人晚上一起吃饭。

快到休息室时，张经理听到里边有人在交谈，他从门缝看过去，原来是张也和销售部员工冯亮两人在里面。

“呃！”冯亮对张也说：“你们部门张经理对你们很关心嘛，我看见他经常招待你们吃饭。”

“得了吧，”张也不屑地说道，“他就这么点本事来笼络人心，遇到我们真正需要他关心、帮助的事情，他没一件办成的。就拿上次公司办培训班的事来说吧，谁都知道如果能上这个培训班，工作能力会得到很大的提高，升职的机会也会大大增加。我们部门几个人都很想去，但张经理却一点都没察觉到，也没积极为我们争取，结果让别的部门抢了先。我真的怀疑他有没有真正关心过我们。”

听到见自己的员工这样说自己，张经理只好满腹委屈地躲进自己的办公室。

这个例子中的张经理在吃饭这件事情上，扮演了一个“出力不讨好”的角色。其实这并不是偶然的，因为他不是一个善于体察下属心理需求的领导。

上司要想笼络下属，就要学会察言观色，知道下属需要什么。只有这样，才能做到投其所好，让他心甘情愿地跟随你。下面，让我们看看清代“商圣”胡雪岩是如何笼络下属的。

胡雪岩在刚刚成立阜康钱庄的时候，非常需要一个得力的助手来帮助自己。他经过考察发现，大源钱庄的伙计刘庆生非常能干，能够当此重任。于是，他把刘庆生请到了饭店，叫了一桌子好菜，和他一边吃一边攀谈起来。在席间，胡雪岩问了刘庆生一些有关钱庄的知识，结果刘庆生对答如流，让胡雪岩很满意。他觉得自己应该把刘庆生“挖”过来为己所用。

以前胡雪岩就打听过刘庆生，知道他虽然有才，但是在大源钱庄并不受重用，而且他的工钱也不多，正因为这样，他自己留在杭州，而自己的妻小却还在余姚。于是胡雪岩故意问他说：“庆生兄，你身在杭州，为什么不把妻小接过来啊？”刘庆生叹了口气说：“我也想把妻小接过来，可是这点工钱，根本不够花销啊。”胡雪岩说：“庆生兄，你若把妻小接过来，一个月大概需要多少银子？”刘庆生说：“每个月起码需要十两银子。”胡雪岩说：“庆生兄，我不知道你有没有想过，你在大源只能做一个伙计，工钱很难再涨上去。”刘庆生叹了口气说：“是啊，我也想过。”胡雪岩说：“我打算开一家钱庄，目前正缺少一个‘档手’，你愿不愿意到我这干？我每年给你二百两银子，年底另有分红，你看如何？”胡雪岩怕刘庆生不信，立即拿出二百两银子，放到刘庆生手里，说：“庆生兄，这是一年的工钱，你先拿着。”刘庆生非常激动地说：“胡先生，你这样子待人，说实话，我听都没有听说过。胡先生，你尽管吩咐好了，怎么说怎么好。”结果刘庆生死心塌地地追随了胡雪岩。

到了阜康钱庄之后，胡雪岩又安排人把刘庆生的家小接了过来，为他们安排了住处。这更让刘庆生感激不尽，唯有辛勤工作，以报答胡雪岩的恩情。

胡雪岩为什么能够笼络住刘庆生的心呢？这是因为胡雪岩善于观察对方，知道对方需要什么，从而投其所好，让对方感激不尽。作为一个领导，只有做到这一点，才能够让下属感激你，心甘情愿地追随你。例如，领导者要时常问候一下下属，和他们聊聊天，关心一下他们的身体、家庭情况，如果他们遇到了一些困难，要为他们提供帮助。另外，领导者还要不失时机地表扬下属，让他们内心中得到一种满足，知道自己的努力没有白费。

南风法则：为下属送去温暖的南风

“南风法则”也叫做“温暖法则”，它告诉我们的道理是：温暖胜于严寒，人情大过酷典。我们在与人交往的过程中，也可以利用“南风法则”，说话办事，制人驭人，要先取悦对方的“心”。当我们能用温暖的言语和善意的行为去感动别人“心”的时候，我们就可以不费吹灰之力驾驭别人，让别人在无形之中臣服于我们。

“南风法则”源于法国作家拉封丹的一则寓言故事：

有一次，北风和南风想比一比谁更有威力。比赛的方式就是：看谁能把路上行人身上的大衣脱掉。

比赛一开始，北风就迫不及待地吹来一股寒风，凛冽刺骨。然而让北风失望的是，路上的行人一见刮起了冷风，都把大衣裹得紧紧的，以此来抵御寒冷。北风越是使劲刮冷风，路上的行人的衣服就裹得越紧。北风见状，只好低头认输。

看见北风失败了，南风便开始徐徐吹起了暖风。南风的暖风一吹，气候一下子暖和起来。路上的行人一见天气暖和了，就慢慢地放松了紧拽着衣服的手，有的人甚至解开纽扣。等天气再暖和一点的时候，路上的行人陆陆续续地把大衣也脱掉了。

就这样，南风最终取得了胜利。

这则寓言故事形象地说明了这样一个道理：温暖胜于严寒，人情大过酷典。与人交际正是这样，制人驭人正是这样，想要制人驭人，必先征服对方的“心”。那如何征服对方的心呢？强硬的手段？恶意的威胁？很显然这都不是最好的方法。有位哲人曾经说过这样一句话：“世界上最难征服的是人心，世界上最易打动的也是人心。”“人心的难以征服”难就难在它服软不服硬，它有感情有思想，它懂得是非喜好。“人心最容易打动”也是这个原因。因此在处理人际关系的时候，我们要带着一颗诚心，要用富于爱心的微笑和充满善意的行为，去面对每一个人。只有做到这一点，我们才能真正走进对方的心里，从心里感动对方，从而轻松驾驭对方于无形之中。

年仅27岁的孙晓美刚进公司一年半就被任命为部门经理，这着实让很多同事吃了一惊。然而吃惊之余，同事们还是认为孙晓美当部门经理也是理所当然的事情，只不过很多人没想到这么快而已。

别看孙晓美年纪轻轻，进公司的时间也不长，然而她有一点特别牛——和公司所有人的关系都搞得特别好，在公司特别有威信。这和孙晓美为人处世的方式很有关系。她整天乐呵呵的，见到谁都会报以热情的微笑；谁向她求助，只要是她能做到的她都不会拒绝……可以说，在整个公司，能做到这些的只有孙晓美一个人。因此，孙晓美一来到公司，就得到了大家的喜爱，尤其是让公司的高层刮目相看。

其实，在孙晓美到来之前，整个公司的气氛非常不好，内部竞争特别激烈，人员钩心斗角的事情常有发生。孙晓美的到来神奇般使公司变得有了人情味。单说孙晓美每天那乐呵呵的笑容就在很大程度上缓解了公司原有的紧张气氛。

也许正是因为这些原因，公司高层看到了孙晓美身上难得的亲和力，便有意提拔她做管理工作。经过一段时间的考察，公司的高层管理者最终决定任命孙晓美为部门经理。大家对于孙晓美的晋升也心服口服。

怎样才能制人驭人？有时候并不需要强硬的手段。故事中的孙晓美用自己的“笑容”温暖了全公司人的“心”，俘获了全公司人的“心”，在无形中也驾驭了全公司人的“心”。孙晓美的经历值得我们深思。我们所说的“治人先服人，驭人先驭心”的道理，在孙晓美的经历中得到了很好的验证。

可见，我们只有驾驭了别人的心，才能从某种程度上驾驭别人的行为。当然，“驭心”并不是简单的事情，“驭心”首先需要我们有一颗仁爱的心，需要我们从生活中的点点滴滴做起。

第一，温暖驾驭别人，自己先要做一个有人情味的人。不管是什么时候，有人情味的人都是最受人欢迎的，因为有人情味的人最容易从心里打动他周围的人。一个有人情味的人最容易获得他人心理上的赞同，最容易与人建立良好的人际关系。所以在现实人际交往的过程中，我们要试着做一个有爱心、有诚心的人。

第二，只有平时经常帮助别人，做好感情投资，才能轻松驾驭人心。若想“驾驭人心”， 适当地做点感情投资是必需的。那么如何做感情投资呢？在日常生活中，做一个乐于助人的人，在别人有困难的时候，不失时机地伸出援助之手，就是一种感情投资最有效的方法。我们的举手之劳就有可能换来别人的感恩戴德，这种投资千万不要错过。我们帮助过的每一个人都会从心里感激我们，都会成为我们坚实的人际关系网上的一个重要的成员。

第三，用细节打动人，用真诚感染人。为人处世、与人交际要做到细节真诚，而细节的真诚又来源于内心的真诚。其实能从细节上打动人，才能真正感动人，才能从心理上俘获人。我们在具体执行的过程中，要从细节入手，平平淡淡地把人情做到点子上。例如，记住别人的姓名就是人际交往中细节制胜的一个妙招。戴尔·卡耐基曾经说过：“一种既简单又最重要的获取好感的方法，就是牢记别人的姓名。”善于记住别人的姓名是一种礼貌，在人际交往中往往能起到意想不到的效果。

另外，在与人交际的过程中，记住交际对象的生日也是不错的交际招数。记得交际对象的生日，在他们生日的那天，给他们寄去一张生日贺卡，送上一束鲜花，或是为他举办一次小型的生日宴会，其效果必定非常好。这种在别人情感上引起的感动，是金钱无法比拟的。

恩威并重：不可不用的驭人手腕

在与人交往的过程中，要想成功制人驭人，恩威并重是最有效的策略：对人施以“恩”，我们就能从心里感动对方，从而让对方对我们感恩图报，在我们需要对方帮助的时候，对方能挺身而出；对人施以“威”，又能从心灵上震撼对方，让对方知道我们是有原则的，从而让对方不敢小瞧我们。

提到“恩威并重”，很多人就会立刻把它与“统治”和“管理”联想到一起，认为这是只有统治者和管理者才能使用的驭人策略。其实，并非如此。作为一个普通人，我们在人际交往的过程中，不管面对什么人，如果我们能适当地用一用“恩威并重”的策略，也能得到意想不到的“驭人效果”。

在日常生活中，不管是什么样的人，对之施以“恩”，我们就能从心里感动对方，笼络对方的“心”，从而让对方对我们知恩图报，在我们需要帮助的时候，对方能挺身相助；而在施以“恩”的同时，再对之施以“威”，能从心灵上震撼对方，让对方知道我们是有原则的，让对方从心底对我们产生一份由衷的尊敬。

清朝的大商人胡雪岩是一个非常懂得管理之道的人。对于下属，他从来都是恩威并重，从而让他们心甘情愿地跟随自己。

有一次，胡雪岩遇到一个外号叫做“小和尚”的人。这个人非常聪明，凡事一学就会。当时胡雪岩正想涉足蚕丝生意，非常缺少助手。对于这个“小和尚”，胡雪岩非常喜欢，想让他成为自己的左膀右臂。不过，他听说这个人吃喝嫖赌样样都做，可不是一个老实人。于是，胡雪岩把“小和尚”

叫到身边，对他说：“王有龄巡抚是我的好朋友，你跟我干，将来一定错不了，到时候我会帮你成家，并且让你做出一番成绩。”接着，胡雪岩给了“小和尚”不少银子，让他先拿着花。

对于“小和尚”这么一个混混来说，能够跟着胡雪岩这样的“财神”自然是好事，更何况胡雪岩在朝中有人，在江湖中也很有名气。于是，他马上就答应了。胡雪岩接着说：“你跟我干，我一定不会亏待你，但是我把你领进门，修行还要看你自己，如果你自己不争气，我也无法留你。”“小和尚”是一个聪明人，知道胡雪岩非常在意自己的那些缺点，便向胡雪岩发誓，以后再也不像以前那样吃喝嫖赌了。果然，“小和尚”说到做到，他改掉了以前的那些毛病，一心一意地辅佐胡雪岩，成为胡雪岩生意场上的好帮手。

从上面的事例可以看出，胡雪岩对“小和尚”就是恩威并施，他先许诺不会亏待对方，然后又警示对方：如果你还像以前一样，我会把你驱逐出去。这让“小和尚”既看到了希望，又受到了警示，把以前的那些缺点都改掉了，一心一意地辅佐他。同样，在生活中，要想驾驭别人，让他一心一意地跟随你，也要像胡雪岩一样，恩威并重。

那么，怎样才能做到“恩威并重”呢？这其实并不难，那就是先了解对方，然后再提出警示，让对方有所顾忌。我们想要驾驭一个人，就要知道对方在想什么，有什么愿望和追求。当我们知道这些之后，就能够投其所好，达到让对方感恩戴德的目的。当然，在投其所好的同时，还要让对方有所顾忌，如果仅仅施恩，对方不一定会服从你，甚至还会做出“以怨报德”的事情来。所以，在给对方好处的同时，也要让他心存顾忌，彻底地服从你、追随你。不过值得一提的是，我们在“施威”的时候一定要注意对方的心理感受，因为在这个世界上，没有任何一个人心甘情愿地屈服于别人。只有对方对我们施以的“威”心服口服了，他才会真正接受。另外，施威的时候要给对方留足面子，尽量不要在第三者面前施威。

此外，“恩威并重”的策略的应用一定要把握好一个“度”。不管是对别人“施恩”还是“施威”，都要施得恰到好处。否则，“施恩”太多，就会让对方对我们的行为的本质产生怀疑，从而达不到“施恩”的效果；“施威”太多，又会让对方从心里对我们产生“逆反心理”，甚至“仇恨心理”，这当然不是我们所期望的结果。所以，不管是“施恩”还是“施威”，我们都要掌握好火候，要做得恰到好处，不露声色，这样才能做到“驾驭别人于无形之中”。

真诚的赞美之词是驭人的良策

“良言一句三冬暖，恶语伤人六月寒。”爱听好话，是人之常情，即使是身居领导要职，也无须居高临下地对人吆五喝六。要知道，领导的职责是让整个团队的创造力发挥到最大，如果你的言辞已经破坏掉了这种创造力，不妨换种方式，拿出你的真诚来管理你的下属。

林肯说：“尖锐的批评、斥责，永远不会有效果的，永远比不过一句简单的称赞之语。”富兰克林说：“我不说任何人的不好！我只会说我所知道的每一个人的好处！事实证明，所有人都会拜倒在我的赞美之中。” 在这个世界上，没有人不喜欢赞美，没有人不需要赞美。在人际交往的过程中，赞美是最锋利的武器，赞美是最有效的方法……因此，不管面对什么样的人，不管面对什么样的事情，请不要忘记赞美。

无论是凡夫俗子，还是高傲的国王，都喜欢听到别人的赞美，这是人性的普遍需求。人人都需要赞美，当我们赞美一个人时，我们心里未必喜欢他。但是我们也应该想一想，当我们不喜欢的人赞美我们时，我们心里是不是也很高兴呢？只要我们能这么想，就不会再吝啬我们的赞美了。

事实上，在人际交往的过程中，只要我们能用一颗博爱的心去赞美别人的话，就会像富兰克林所说的那样“所有人都会拜倒在我的赞美之中”。那样，我们不费吹灰之力就可以驾驭很多人。

1863年4月26日，也就是在美国南北战争最暗淡的时期，林肯和他的北方军在战场上做着一次又一次的悲剧性的撤退。

在这样的背景下，整个美国都震动了，成千上万的将士们开始在战争中当逃兵，甚至共和党的参议员也起而反叛，希望迫使林肯离开白宫。

在这种情况下，林肯给胡格将军写了一封信，尝试说服这位正在打退堂鼓的将军。当时的国家命运完全掌握在胡格的手里。这封信被认为是林肯在做总统以后所写的最锐利的一封信，信的内容是这样的：

“我们现在正处于崩溃，我已任命你为波托马克的陆军首长，当然我之所以这么做，对我来说有很充足的理由，不过，我认为最好还是让你知道，在有些事情上，我对你相当满意。

我相信你是一名勇敢而战技纯熟的军人，当然，我十分欣赏你，我同时相信你不会把你的职业和政治混为一谈，你这样做是对了，你对自己很有信心，如果这不是一种不可缺少的个性，必定是极有价值的美德。

我曾听说——由于言之确凿使我不得不相信，你最近曾说，军队和政府都需要一位独裁者，当然，并不是为这个，而是由于我不予理会，我才赋予你指挥权。只有那些有成就的将领才可以被尊为独裁者。我现在所要求你的是军事上的胜利，我甘冒独裁的风险。

政府将尽一切力量来支持你，政府在过去和将来对所有的指挥官都是如此支持，我十分反感你以前带到军中来的那些精神，批评长官，不信任长官，现在可能将会报应到你的头上。我将帮助你，尽我的一切力量将之扑灭。

当这种精神盛行于军队的时候，不管是你还是拿破仑——如果他再度复活的话，也无法指挥军队，现在你要注意，不可轻率行事，但要以充沛的精力和不眠不休的警觉精神向前推进，把胜利带回给我们。”

从这封信中，我们看到，在林肯批评对方的错误之前，先称赞了胡格将军。说到底，这封信最成功的地方也正在于——林肯用最真诚的溢美之词称赞了胡格将军。“春风化雨，良言暖心”，试想，胡格将军捧读此信，怎能不由衷感动而甘愿效忠林肯呢？其实，人与人之间纷繁复杂的交往，利用赞美就可以轻松化繁为简。学会赞美，我们就会赢得所有人的认可，我们就可以轻松驾驭任何人。

总而言之，人人都喜欢赞美的话，人人都希望被重视，任何时候你一定要经常讲一些赞美别人的话，而且是真诚地赞美。赞美的力量是非常大的，它会鼓舞一个人的士气，会让一个人更心甘情愿地做一件事情。所以，当我们想要获得别人的帮助与支持，当我们想要从某种意义上驾驭别人的时候，千万不要忘了从称赞与真诚的欣赏开始，千万不要忘了用最真诚的溢美之词作为打开对方心扉的钥匙。

回报效应：感情投资让你轻松赢得下属的心

回报，是指从别人那里受益者，对付出者的一种报答行为。通常情况下，你付出的越多，别人回报的就会越多。从这一逻辑思维出发的话，要想别人多回报你，首要的，就是你得多付出。因此，很多时候，帮助别人的同时，也是在帮助自己，因为那样你会得到更多的回报。在心理学上，这被称为“回报效应”。

感情，作为人与人之间交往的维系，是不可缺少的。人是有感情的动物，感情是人类最美好、最神圣的事物，是人与人之间信任与理解的桥梁。墨子有句话是这样说的：“爱人者必见爱也，而恶人者必见恶也。”意思是说以爱的态度待人，会得到爱的回报；以恶的态度待人，会得到恶的回报。这也就告诉我们，有所付出，才能得到回报。实际上，这就是感情投资之所以会有回报的基础。

在人际交往的过程中，我们应该懂得“你怎样对待别人，别人就会怎样对待你”这个道理，如果我们想从对方那里得到支持与帮助，我们不妨做做“感情投资”。

日本麦当劳的社长藤田田在他所著畅销书《我是最会赚钱的人物》中，将自己的所有投资分类以研究回报率，结果发现感情投资在所有投资中，花费最少，但回报率却最高。

藤田田非常善于感情投资，他每年支付巨资给医院，作为保留病床的基金。藤田田的职工或他们的家属生病、发生意外时，可立刻住院接受治疗，避免了在多次转院途中因来不及施救而丧命的事情发生。

有人曾这样问藤田田：“如果您的员工几年不生病，那这笔钱岂不是白花了？”

藤田田回答说：“只要能让职工安心工作，对麦当劳来说就不吃亏。”

藤田田还有一项创举，就是把从业人员的生日定为个人的公休日，让每位员工在自己生日当天和家人一同庆祝。这项举措大大地笼络了员工的忠心。

藤田田的信条是：为员工多花一点钱进行感情投资，绝对值得；感情投资花费不多，但换来的员工的积极性所产生的巨大创造力，是任何别的投资都无法比拟的。

从实质上讲，藤田田的成功正在于他赢得了员工的支持。“感情投资”就是藤田田的“杀手锏”。藤田田为自己的员工考虑到的每一项人性化的措施，实际上也都是在为自己考虑。

人们都说感情是不能用金钱来衡量的，但是在这个处处需要人情的社会，我们还是应该不自觉地要对感情进行一下投资。正所谓“投之以桃，报之以李。没有春风，唤不来秋雨”。感人心者，则莫乎于情。只要我们在人际交往的过程中能不遗余力地做好感情投资，我们就一定会收获巨大的人情，一定能收获好的人缘，我们在求人办事的过程中就一定能轻松地获得别人的帮助与支持。

那么，我们在日常生活中应该如何进行感情投资呢？我们认为，感情投资要从细节做起，最重要的就是要有一颗乐于助人的心。能在别人需要帮助的时候提供必要的帮助实际上就是一种感情投资。我们帮助了别人，当我们有求于别人的时候也就比较容易了。因而，若想改善与他人的关系，找机会去帮他一个忙，就是一个不错的办法。我们的举手之劳有可能换来别人的感恩戴德，这种投资千万不要错过。因为如果我们帮助其他人获得了他们所需要的，我们也会因此而得到自己想要的，我们帮助的人越多，得到的也越多。

总而言之，没有人会无缘无故地支持与帮助我们，别人回报给我们的都是我们曾经付出过的。这也就提醒我们，如果想要赢得别人的支持与帮助，我们就必须付出在前，帮助在前，这样才能在我们需要帮助的时候获得别人的帮助。

第9章

职场中的依赖法则
——和同事搞好关系的心理策略

办公室是一个特殊的场所，每天大部分的时光我们都要在这里度过。可是，这段时光能否愉快地度过，很大程度上取决于你跟同事之间的关系是否融洽。有些人可以跟同事打成一片，有些人却一直形单影只，究其原因，不过是有些人善于赢得同事的欢心，而有些人比较自我罢了！

破窗效应：及时修复受损的人际关系

人际矛盾和人际冲突一定要及时修复，否则，小矛盾和小冲突都有可能因时间的延续而积累成大矛盾。当小矛盾变成了大矛盾，人际关系就很容易出现真正的裂痕，这时候再弥补可能就来不及了。所以，在人际交往中，要迅速弥补和修复有了裂痕的关系。

“破窗理论”体现的是细节对人的暗示效果，以及细节对事件结果不容小视的重要作用。事实证明，“破窗理论”也确实能够指导我们的生活，为我们带来意想不到的结果。

18世纪的纽约以脏乱差闻名，环境恶劣，同时犯罪猖獗，地铁的情况尤为严重，是罪恶的延伸地。有数据显示，那时的纽约，平均每7个逃票的人当中就有一个通缉犯，而每20个逃票的人当中就会有一个武器携带者。这种情况，直至1994年，新任警察局长布拉顿开始治理纽约，才发生根本性的变化。

布拉顿就任纽约警察局局长后，先从治理地铁开始着手，他最先从地铁的车厢加以治理，车厢很快变得干净了；随之，站台跟着也变干净了；站台干净了，阶梯也随之整洁了；随后，街道也干净了；然后，旁边的街道也干净了；后来，整个社区干净了；最后，整个纽约变了样，变整洁漂亮了。如今，纽约是全美国治理最出色的都市之一。这件事在全世界引起了风暴，它也被称为“纽约引爆点”。

以上的事例告诉我们，千万不要忽视一件小事对整个局势的影响力。很多事情的成败，往往取决于一个小小的细节。事情的局部或是一个微小的细节，一旦开始发生变化，就极其有可能对整个事态造成影响。因此，正确地发挥“破窗效应”的正面作用，对我们的生活有着不容忽视的积极作用。但是，任何时候我们都要学会一分为二来看问题。

在认识到“破窗效应”的积极意义的同时，我们还应认识到，它在另一个侧面提醒我们，要及时矫正和补救正在发生的问题，否则，这种问题会越来越严重。日常交际中，人际矛盾和人际冲突一定要及时修复，否则，小矛盾和小冲突都有可能因时间的延续而积累成大矛盾。当小矛盾变成了大矛盾，人际关系就很容易出现真正的裂痕，这时候再弥补很有可能为时已晚。所以，在人际交往中，要迅速弥补和修复有了裂痕的关系。

在人际交往的领域，在处理人际关系的过程中，我们也应该警戒“破窗理论”带来的负面影响。每种人际关系都会遇到一些摩擦和矛盾。某些人遇到的比别人更多一些，有些是开玩笑式的，有些是令人讨厌的，但是也有一些是永无休止似乎不能解开的矛盾类型。面对这些矛盾应该怎么办？生活中很多人采取了“回避”的做法，然而事后却发现“回避”并不适用，因为一次两次回避是可以的，如果长期下去，造成恶性循环，人际矛盾会越来越大，甚至会出现严重的裂痕。

那么，该怎么办呢？最好的办法就是当小矛盾、小摩擦发生的时候，就立刻把每一个小矛盾、小摩擦消灭掉，这样才不至于把每一个小矛盾和小摩擦都堆积在一起，从而形成大的人际裂痕。

田刚和王爽行同为一家商贸公司的业务员。有一次，销售经理组织大家开会，让大家发表销售意见。因为意见不同，田刚和王爽行两个人争吵了起来。虽然销售经理从中进行了调解，但是两个人都不同意对方的观点，越争论越激烈。最后，这次会议被迫中断。

虽然这只是一件小事，但是这两个人从此恨上了对方，不仅见面不像以前那样亲热了，而且在开会的时候，两个人还经常争吵。王爽行发现，田刚处处和自己作对，即使自己说的是正确的，他也“鸡蛋里挑骨头”，故意刁难自己。开始的时候，王爽行非常气愤，认为自己应该狠狠地教训一下对方。但是他仔细想了一下，意识到这样做非常不妥：对方已经对自己有了意见，如果再这样下去，只会让矛盾越来越大，甚至会成为仇人。王爽行觉得自己应该和田刚好好谈谈，从而消除彼此之间的矛盾。

于是，在一个周末，王爽行约上田刚一起去喝酒。两个人随便聊了一会儿之后，王爽行端起一杯酒，对田刚说：“兄弟，前些天和你发生争执是我不对，你别往心里去。我们这都是为了工作。”看到王爽行向自己道歉，田刚有些不好意思地说：“我当时也不对，兄弟你也别往心里去。”两个人边吃边聊，以前的不快一扫而光。

每一个小的矛盾和摩擦就类似“破窗理论”中的一个“小破窗”，如果不能及时把它修复的话，这个破窗会越来越大，以致大到无法修复的地步。所以，在处理人际关系的时候，我们要尽量避免“破窗理论”的负面影响，不能任由每一个“小破窗”自由发展，而是应该把人际矛盾和人际摩擦消灭在刚刚发生甚至是刚刚萌芽的时候。

那么，如何及时化解人际矛盾和人际冲突呢？

首先，当矛盾发生后，让自己先冷静一段时间。如果发现自己处于激烈的争辩之中，我们最该做的事情就是离开一会儿，通过散步或者找一个头脑清醒的朋友谈谈心，让头脑冷静下来。如果我们正好需要稍事休息，就打个小盹儿或者冥思一会儿。当然，在离开之前，我们需要做一下深呼吸，并且表示同意稍后再讨论这个话题。我们的离开完全是为了回来后能够更好地把问题解决。

其次，可以借助外力化解矛盾，防止冲突。如果解决冲突需要外力相助，我们可以考虑求助于有经验和公正的调解人。调解人的作用是与各方交谈，为讨论问题创造有利条件，指导各方做出大家都能接受的决定。

最后，限定矛盾产生与解决的参与范围。谁的问题谁去解决。因为矛盾双方最清楚导致问题出现的原因。不要把矛盾或利益冲突轻易地推向他人或社会，因为人们在不清楚产生冲突的真实背景下或出于各自的考虑而出现的各种反应都有可能左右或影响矛盾的解决，最终导致矛盾双方对问题解决的控制。

正负极效应：不和同事交心，但也不和同事树敌

众所周知，有一著名的物理现象，那就是磁铁有正负两极，同极相斥，异极相吸。但是，这种相互排斥和吸引并不是没有办法改变，即改变两者之间的距离，这种排斥和吸引就会遭到破坏。这一物理现象在人们的心理学上所呈现出来的迹象，就被称为正负极效应。

对于绝大多数上班的人来说，我们每天的大部分时间都是在办公室里度过的，我们与同事在一起工作的时间要远远超过和家人在一起的时间。可见，在一个单位或在一个办公室，搞好同事间的关系是非常重要的。关系融洽，心情才能舒畅，这不但有利于做好工作，也有利于自己的身心健康。倘

若关系不和，甚至有点紧张，那可就要遭殃了，迎接我们的可能是接二连三的小麻烦，小则影响心情，大则影响工作，甚至影响我们的职场生涯。为什么这么说呢？因为同事之间的关系是非常复杂、非常特殊的。

马英飞刚参加工作没多久，见了本部门的同事就跟见了亲人似的。可不是吗？大家每天一块儿上班，说着笑着就把活儿干了；中午一起到食堂吃饭，其乐融融，就像一家人；晚上一帮人等时而泡吧，时而打保龄，时而蹦迪……真是相见恨晚！马英飞经常感叹说："谁说工作以后不容易交到朋友！我看同事很好相处啊！"

既然是朋友，自然无话不谈，马英飞毫不顾忌，尤其是发牢骚的时候：什么变态的大上司、偏心的二老板；什么喜欢拍马屁的他、无知的她……马英飞常常说得不亦乐乎。在场人人点头称是，英雄所见略同，马英飞还暗地里夸自己聪明，会笼络同事。

然而，没过多久，马英飞的"高谈阔论"就得到了"反馈"：同事们慢慢地都不喜欢和马英飞交往了，有的同事甚至对马英飞怒目而视，有的同事偷偷给他准备了"小鞋"，有的干脆以牙还牙，有的甚至到领导那里去说马英飞的坏话。

这时，马英飞才发现："同事真的是不能深交啊！"然而后悔已经来不及了，因为整个办公室的同事都被他得罪了。最后，马英飞为了跳出"火坑"，只得辞职。

其实，类似这样的事情，在职场上并不少见。"害人之心不可有，防人之心不可无"，这句话在职场中永远不过时。马英飞就是犯了这个最不该犯的错误。俗话说：人心隔肚皮，同事之间更能体现得出来。有句老话能将同事关系的为人"准则"表现得淋漓尽致，那就是"逢人只说三分话，不可全抛一片心"。同事之间，千万不能走得太近，一定要保持一定的距离，否则的话不仅不利于同事关系的正常发展，甚至还可能引火烧身。

当然，值得强调的是，虽然说同事之间的关系不能走得太近，不能和同事“交心”，但是也绝对不能把同事放在完全“敌对”的位置上。因为如果与同事为敌的话，后果可能会更惨。

胡海波是一家外贸公司的业务员。因为同事间竞争很激烈，经常会出现一些“抢单”的现象。有一位叫张洋的同事最喜欢抢别人的单子，很多人都非常讨厌他。张洋也抢过胡海波的单子，而且抢过不止一次。前一段时间，胡海波费了好大的力气终于要签下一个订单，但是等到要签合同的时候，对方告诉他，他们已经和别人签约了，因为那个人给出的价钱比胡海波低。后来，胡海波知道抢自己单子的人就是张洋，这让他非常气愤。

以前，胡海波虽然也不喜欢张洋，但是大家并没有撕破脸皮，见面的时候也会寒暄几句。这一次，让胡海波彻底恨上了张洋。他把对张洋有意见的人联合起来，一起找他的麻烦。有好几次，他都在大会上让张洋下不了台。

但是过了几个月之后，张洋的一个朋友做了公司的副总经理，受这位朋友的提拔，张洋被提升为公司的销售科长，胡海波直接受他的管辖。因为以前胡海波找过自己的麻烦，张洋对他也是怀恨在心，天天找碴儿批评他，而且越在人多的时候越是这样。后来胡海波实在受不了了，只好辞去了这份不错的工作。

看了上面的事例，我们应该明白，在公司千万不要得罪人，因为一方面大家天天在一起工作，低头不见抬头见，如果同事之间有隔阂，会非常不舒服。另一方面，当你仇视别人的时候，对方也会想办法报复你，这就等于给自己埋了一颗“地雷”，随时都可能爆炸。所以，我们尽量不要在公司树敌，即使有了矛盾和冲突，也要想其他的方法解决。

看到这里，也许很多人都会感叹：和同事相处实在是一件麻烦的事情。那么，同事之间究竟应该保持一个什么样的关系呢？我们认为，同事之间的关系关键是要把握好一个“度”：不能走得太近，也不能离得太远；既不能交心，也不能为敌。具体来讲，我们认为可以从以下几个方面做起：

首先，和同事闲聊时把握好“度”。和同事聊天时，不要“打破沙锅问到底”，彼此心照不宣就足够，要考虑对方的心思，给对方留足面子，这样比较容易获得对方的好感；同时，不要涉及对方的隐私，这是对同事起码的尊重。另外，我们要特别注意，要远离飞短流长，它是职场中“杀人不见血”的刀，被流言困扰的人，心灵上会造成很大的伤害，因此无论是从人格还是道义上讲，都不要让自己卷入其中，以免误人误己。

其次，和同事相处要求同存异，客观看待双方的分歧。同事之间由于经历、立场等方面的差异，对同一个问题，往往会产生不同的看法。与同事有意见分歧时，一是不要过分争论。客观上，人们接受新观点需要一个过程，主观上往往还伴有“好面子”“争强好胜”的心理，彼此之间谁也难服谁，此时如果过分争论，就容易激化矛盾而影响团结；二是不要一味地“以和为贵”，即使涉及原则问题也不坚持、不争论是不对的，面对问题，特别是在发生分歧时，要努力寻找共同点，争取求大同存小异。

最后，在与同事交往的时候要把握好分寸，既要相互交流，又不要走得过近。同事是和我们每天待在一起时间最长的人，大家在办公室面对面、肩并肩，同劳动、同吃喝、同娱乐。但当我们有了“私人空间”的概念之后，我们同样不能忽视合理的社交空间和公共空间，办公室里的距离如何把握，并不是那么简单的事。同事关系好，本是好事，但是切记同事之间拒绝亲密。同事就是同事，不是朋友。交朋友，除了志趣相投外，忠诚的品格是最重要的，一旦你选择了我，我选择了你，彼此信任、忠实于友谊是双方的责任。同事就不同了，我们不能对同事有过高的期望值，否则容易惹麻烦，即使没有大麻烦，小麻烦肯定也不少。

太极效应：以柔克刚，以弱制强

以柔克刚，是太极的精髓之所在。我们在人际交往的过程中，如果遭遇非常强势的对手，不妨学学“以柔克刚”这一招。学会以柔克刚的交际策略，我们就能根据强势对手的心理，随机应变地采取合适的策略，从而轻松地搞定对方。

在日常生活中，我们对这样的现象并不陌生：当鸡蛋掉在石头上时，鸡蛋很容易破碎；而当皮球掉在石头上时，它会弹起来而保持完好无损。原因在于皮球对强大的外力能以柔韧化之，而鸡蛋却不能，故有“以卵击石，自不量力”之说。大家都知道硬度极差的铝，柔韧性却极好，我们可以用锤子把它砸得像纸一样薄，但仍然不能把它砸为两半。这其中蕴涵的道理就是——以刚克刚，必两败俱伤；以柔克刚，则马到成功。

老子曾反复以水为例，论证“柔弱能胜刚强”的道理。水虽柔弱，但滴水却可穿石，它遇圆则圆，遇方则方，遇止则止，随缘而流；同时它又能摧坚克强，无往而不胜。这就是水的特性。把石头扔进水里，就会被水覆盖，因为它有“包容”性；着火了，我们用水去扑灭，因为水有“化解”性；泥土遇见水，会变得柔软，因为水有“柔韧”性；把木头放进水里，会逐渐腐烂，因为水有“渗透”性；钢铁泡在水里久了，就会生锈，因为水有“侵蚀”性……水的这几种特性，就是代表着“柔能克刚，弱能胜强”的原理。

生活中，我们很需要具备水的这种特性，很多事情最好的解决思路正是要学会以柔克刚，正如老子所说的一样：“天下莫柔弱于水，而攻坚强者莫之能胜，以其无以易之。弱之胜强，柔之胜刚。”

春秋末期，郑国宰相子产在治理国家上采用的就是以柔克刚的方法。子产为政刚柔并济，以柔为上，柔以制刚。

当时，郑国是一个小国，国力甚弱，要想在大国林立的空间求得生存，增强国家的实力刻不容缓。子产提倡振兴农业，兴修农事，同时征收新税，以确保有足够的军费供应和给养。

新税征收伊始，民众怨声四起，沸沸扬扬，甚至有人扬言要杀死子产。朝中也有不少朝臣站出来表示反对新政，而子产毫不理会，也不做过多的解释，只是耐心等待事态的发展。子产说：“国家利益为重，必要时自然得牺牲个人利益，服从国家利益。我听说做事应当有始有终，不能虎头蛇尾。有善始而无善终，那样必然会一事无成，所以，我必须坚持将这件事做完。”

新税照常征收。由于子产还采取了振兴农业的办法，因此农业很快便发展起来了。随着农业的繁荣发展，民众由怨到赞，众人皆服。

子产还在各地遍设乡校，乡校言论自由，因此有些对政治不满的人往往把乡校作为论坛，进行政治活动。有人担心长期下去会影响统治，便建议取缔。子产却说：“这是没有必要的，百姓民众劳累一天，到乡校中发发牢骚，评论政治实乃正常。我们可以作为参照，择善而从，鉴证得失。若强行压制，岂不如以土塞州，暂时或许会堵住水流，但又必将招来更猛的洪水激流，冲决堤坝。那时，恐怕就无力回天了，倒不如慢慢疏导，引水入渠，分流而治，岂不更好？”众人皆服。

事后证明，子产的新政是非常正确的，取得了良好的效果。在新政的推广下，郑国国力有了很好的提升。

能取得这样的成功，与子产“以柔克刚”的为职之道和处事策略有很大的关系。

从为人处世的角度来讲，以柔克刚既是一种做人做事的智慧，也是一种在人际交往中非常实用的交际策略。在人际交往中，我们如果能学会以柔克刚，就能轻松察觉对方的心理，从而避免很多不必要的麻烦。俗话说："百人百心，百人百性。"有的人性格内向，有的人性格外向，有的人性格柔和，有的人则性格刚烈，各有特点，又各有利弊。从心理学的角度来讲，所有的人都是非常强势的，因为每一个人从心底对自己都有一种天生的优越感。如果我们能抓住人们的这一点"心理优越"，然后有的放矢地采取交际策略，就能很快地击败对手。

但凡刚烈之人，其情绪颇好激动，情绪激动则很容易使人缺乏理智，仅凭一股冲动去做或不做某些事情，这便是刚烈人的特点，恰恰也是其致命的弱点。俗话说："牵牛要牵牛鼻子，打蛇要打七寸处。"这告诉我们，应以己之长，克其之短。对待刚烈之人如果以硬碰硬，势必会使双方都失去理智，最终两败俱伤。倘若以柔和之姿去面对刚烈之人，则会是另一番局面，恰似细雨之于烈火，烈火熊熊，细雨丝丝，虽说不能当即将火扑灭，却有效控制住了火势，并一点点地将火扑灭。

在具体的交际过程中，所谓的"以柔克刚"，其实只是耐心、忍心、信心、恒心的比较。在这些方面，谁占了上风，谁就是真正的胜利者。而柔或刚，只是两者在比较时表现出来的表面形态，这里所谓的刚，不过是浮躁、虚张声势、经不起挫折的表现；而柔，则是虚怀若谷，因为对自己充满信心，胜不骄、败不馁才有的表现，也才能以柔克刚。

总而言之，我们在人际交往的过程中，如果遭遇非常强势的对手，不妨学学"以柔克刚"这一招。正如一代名臣曾国藩所说的："做人的道理，刚柔互用，不可偏废。太柔就会萎靡，太刚就容易折断。刚不是说要残暴严厉，只不过强矫而已。趋事赴公，就需强矫。争名逐利，就需谦退。"学会以柔克刚的交际策略，我们就能根据强势对手的强势心理，随机应变地采取合适的交际策略，从而轻松地把对方搞定。

避雷针效应：能疏善导，化解职场矛盾

在高大的建筑物顶端安装一根金属棒，用金属线与埋在地下的一块金属板连接起来，利用金属棒的尖端放电，使云层所带的电和大地所带的电逐渐中和，从而就能保护建筑物等避免遭遇雷击，这就是“避雷针效应”，也就是避雷针的工作原理。“避雷针效应”的寓意是：善疏则通，能导必安。在处理人际矛盾尤其是职场人际矛盾的过程中，“避雷针效应”意义深远。

对于现代建筑来说，避雷针是一项很重要的防护发明。在许多高大建筑物的顶端安装一个小的金属棒，它用金属线与埋在地下的一块金属板连接起来；当密布的云层由于充分接触而打雷时，就可以利用金属棒尖端放电，使云层所带的电和大地所带的电逐渐中和，从而保护建筑物避免遭遇雷击，这就是避雷针的工作原理。

有人把避雷针的工作原理运用到处理职场中的人际矛盾上面，将职场上能有效处理人际矛盾的组织疏导和沟通机制称为“避雷针效应”。避雷针的工作原理很有趣，只要我们仔细思考一下，就会发现，避雷针本身其实并不“避雷”，而是“引雷”，即将原本可能毁坏建筑物的雷电通过金属线、金属板和连接装置等，转入地面，从而达到“化雷”的作用。因此，对建筑物保护的好坏程度，取决于避雷针将雷电导入地下的良好程度。处理职场矛盾的最好方式是沟通和疏导，这也正是“避雷针效应”给我们的启示。

李蒙是一家大型公司的副总经理。前些天，公司要提拔新职员，董事长让每位副经理把自己心中的人选报上去。在李蒙看来，所有人中，王双是最

应该受到提拔的，因为这个年轻人不但聪明，而且在工作的时候非常勤奋。但是，另外一位副总经理却看好李国平，因为前两天李国平刚拿下一笔很大的订单，这在年轻人中是非常少见的。

因为两个人看好的人不同，在董事长面前，他们争吵了起来，并且争吵得非常激烈。最终，也没有达成一致的意见。从董事长办公室出来以后，李蒙感觉自己做得非常不好，因为这样做不仅伤害了两个人的感情，而且最终谁的意见也无法施行——因为双方都强烈反对对方所想要提拔的。之后，李蒙对那位副总经理说："您看这样好不好，咱们给王双和李国平一个月的时间，在这一个月里，如果谁能为公司签下更多的订单，我们就提拔谁。"那位副总经理非常赞同李蒙的提议，下班后，两个人又到饭店小酌了一番，刚才发生的不愉快早已烟消云散了。

对于另外一位副总经理非常强烈的反对意见，李蒙没有奋力还击，逼迫对方接受自己的意见，而是想出一个双方都能接受的主意，使双方的矛盾得以化解。在生活中，我们要像李蒙一样，学会运用"避雷针效应"，从而化解同事以及朋友间的矛盾。那么，应该怎样运用"避雷针效应"呢？在这里，我们提供一些建议，供大家思考。

第一，一旦发现矛盾苗头，要想方设法避免矛盾的产生。实际上，任何人都不希望矛盾产生、激化，都希望彼此和谐共处。没有矛盾是人际交往最理想的境界，所以在交往的过程中，一旦发现有矛盾或者冲突的苗头，就要把沟通和协商的工作做在矛盾真正产生之前，要想方设法将矛盾消灭在萌芽状态。

第二，矛盾双方要彼此尊重，善意地理解对方。出现矛盾或冲突后，矛盾双方应该多从自己身上找原因，是不是自己哪方面做得不够好或影响了对方的利益？另外，还要多从对方的角度考虑一下问题，多为对方想一想，很多矛盾就会化解，"有理也应让三分"。另外，要及时沟通、处理人际矛盾或冲突，以免进一步激发矛盾或是让矛盾积累形成大的冲突。

第三，解决矛盾的时候，头脑要冷静，要就事论事。一旦矛盾或冲突发生，我们在解决矛盾的时候一定要保持清醒的头脑和冷静的心态，要就事论事，不要牵扯其他问题，更不要采取过激的举动而使冲突升级，否则，很容易使矛盾激化，使冲突加剧。矛盾的沟通和疏导机制的存在，无论对每一名身在职场的普通员工来讲，还是对每一个企业或者集体来讲，都是至关重要的，它是每一个集体组织内部关系的润滑剂，是每一个人化解人际矛盾、处理人际冲突的有力武器。

巧妙躲避办公室内的“小帮派”

古人提倡“中庸之道”，讲究“不偏不倚”，其实在职场中也大有裨益。专注于自己的追求和职业理想，适当保持中立，永远不拉帮结伙，将有助于我们客观地解决冲突，有助于我们在纷繁复杂的“办公室政治冲突”中“独善其身”。

“办公室小团队”是职场上常见的现象。对于很多职场人士来讲，身在职场最为头疼的事情莫过于不知道如何应对办公室里的“小团队”。面对小团队的“招揽”，到底是加入？还是义正词严地拒绝？面对“小团队”的孤立或者攻击，到底是直面应对？还是与之巧妙周旋？这需要我们掌握一些巧妙应对的心理策略。

针对“办公室小团队”，有人曾经作过一个相关的调查，结果发现：85%以上的调查参与者认为在他们的工作中有这些小团体存在；66%的调查参与者认为自己很多时候被排除在群体之外；很多人对职场上的小团队现象又恨又怕。

李仙仙大学毕业后在一个广告公司找到了一份文案策划工作。这家广告公司是业界赫赫有名的大公司，她具体的工作内容与自己的专业也很对口，再加上薪酬待遇也不错，因此，她对这份工作非常满意。可以说，李仙仙是信心满满地到这家公司上班的，觉得自己大有前途。

然而工作还不到半年，李仙仙就已经是身心俱疲，对自己的这份工作大失所望。为什么呢？因为她发现，公司内部员工之间的竞争非常激烈，员工之间的关系非常紧张，由此衍生出来的小团队比比皆是，不仅各个办公室之间明争暗斗的现象非常严重，就是同一个办公室里的人也是“分帮结派”、明争暗斗。

在刚刚参加工作的半年之内，李仙仙在办公室内就好像被悬在了空中一样，生怕说错一句话，因为她知道，得罪了一个人就等于得罪了一帮人。

李仙仙慢慢地觉得，这样工作起来太累了，身体累一点倒不算什么，关键是心累让她难以承受。

现在，她正为此烦恼不已，不知道如何是好。

在我们的身边，相信很多人都像李仙仙一样，因为办公室的“小团队”而苦恼。当然，对于很多人来说，还是喜欢加入小团队的，因为在一个“集体”中，可以联合“抗敌”，有了好事也可以分一杯羹，对于“小团队”之外的人当然就没有这样的优待了。但是加入小团队真的对自己有利吗？让我们来看看李明的例子。

李明是一位职场新人，刚来公司的时候，他发现公司内部分为两派，以销售经理为一个派别，以人事经理为一个派别。因为他是一个非常有能力的人，所以这两派都想拉拢他。李明看办公室内部斗争这么激烈，如果没有一个提拔自己的人，就只能在底层混下去，根本看不到希望。于是，经过仔细思考，他“投靠”了人事经理这一派别。果然，他在公司工作了一年就受到了提拔，从底层升为一个科长。

不过好景不长，在公司的内部斗争中，人事经理受到了排挤，倒了台，辞去了工作。结果“城门失火，殃及池鱼”，李明很快就受到了排挤，又成了一个小职员。但是对方仍不肯善罢甘休，不断找李明等人的麻烦。最后，李明只能辞了职，离开这家公司。

从李明的例子可以看出，拉帮结伙搞小团队不一定适合自己的发展，如果你投靠的那一方倒台，你也会受到牵连，从而成为对方打击的对象。有时，虽然搞小团队有利于你的升职、加薪，但是办公室的职位变迁是非常快的，今天你的“老大”还风光得意，但是到了明天，就可能黯然下台。到时候，你就会受到对方的排挤，很可能被对方逼得辞了职，他们才会善罢甘休。既然我们不该加入小团队，那应该怎么做呢？

其实，方法很简单，那就是适当保持中立，永远不要“拉帮结伙”。“办公室政治”几乎每天都会上演，而只有保持中立才是最好的解决之道。在办公室政治中，有些人可能会被牵扯进两个对立的权力人物之争中，如果对任何一方有所偏袒，要不就出人头地，要不就一败涂地。这时不妨学会保持中立。古人提倡“中庸之道”，讲究“不偏不倚”，其实在职场中也大有裨益。专注于自己的追求和职业理想，适当保持中立，不拉帮结伙，将有助于我们客观地解决冲突，有助于我们在纷繁复杂的“办公室政治冲突”中“独善其身”。

此外，我们还应该提高自己的沟通能力，并且以一颗平常心去看待办公室的内部斗争。在职场中，很多优秀的人士之所以能够脱颖而出，靠的就是善于沟通，并主动理解他人的心理需要。在办公室中，有些“战争”是极其无谓的，原因往往是互相的误解和不信任。解决这样的问题，试图了解对方，就是一个缓解敌意的好方法。一旦对方觉得我们理解了他的出发点，往往就会降低防备，并乐于沟通，从而建立信任关系。这样一来，双方不仅能够进一步交流，找到共识，也能通过相互的作用力共同协作，在职场中快速取得成功。但是如果缺乏这样的理解，双方都坚持要实现自身利益的最大化，很可能就会引来“狂风暴雨”。

反射法则：先赏识对方，才能得到对方的赏识

众所周知，反射是一种自然现象，表现为受刺激物对刺激物的逆反应。反射定律，是指光在光滑界面上反射时，确定反射光线与入射光线传播方向关系的定律。但是，这个定律，给人们最大的启发就是，要想得到反射光，首先要有光照射在光滑的界面上。心理学上，将这种反射的范畴扩大，认为人与人的交往固然也是如此，要想别人有赏识的光芒反射于你，你必须先投射给别人赏识的光芒。

“反射法则”告诉我们，我们怎样对待别人，别人也会怎样对待我们。同样的道理，在人际交往的过程中，如果我们想要别人赏识我们，我们就必须先赏识别人。赏识、肯定、赞许……都是相互的，如果我们不懂得赏识别人，不会赏识别人，不去赏识别人，我们肯定也得不到别人的赏识。

现实生活中，有不少人有这样的抱怨：“为什么我总是得不到重用？”“为什么我就是没有好人缘呢？”“为什么我不管做什么也得不到别人的肯定呢？”“我已经灰心了，因为我发现，即使我做得再好，也没有人肯定我。”“为什么我就是得不到别人的赏识呢？”

几乎每一个人都有这样抱怨的时候。这些抱怨无非是一个意思——“我为什么就是得不到别人的赏识呢？”这里的“别人”可以是家人、领导、同事，等等。那么，究竟是为什么呢？为什么很多人都会有这样的抱怨呢？

孙伟伟和李克爽同时进入一家公司。之后，李克爽的业务一直比不上孙伟伟。眼看着孙伟伟从业务员一步步做到部门主管，薪水涨到相当于自己的两倍，李克爽不由得眼热心急。但是李克爽并没有在自己的业务上反思，也没有想过自己应该怎么努力来提高自己的业务能力，提升自己的业绩。相反，他只是一味地埋怨老板："哎，同时进公司，他的工资已经翻了一倍，我还在原地踏步，真是受不了，但是有什么办法呢？人家是老板眼里的红人。而我呢？老板看不上我啊！可老板为什么偏偏就不喜欢我呢？按说老板也没有理由看不上我啊！这里面肯定有蹊跷。"

没过多久，李克爽的怨言就传遍了整个公司。后来，公司老总都听说了。一天，老总把李克爽叫到办公室，对他说："小李啊，你应该在你身上找原因。我对公司的员工从来都是一视同仁，没有看上谁，看不上谁。没给你涨工资是你的业务能力还有待提高。你的业务没什么起色，我怎么能给你涨工资？如果我给你涨工资，其他员工会怎么想？你说是吗？"

听了老总的话，李克爽非常尴尬。

赏识总是有原因的，没有人会无缘无故就能获得别人的赏识；也没有人会无缘无故去赏识一个人。这也就告诉我们，如果我们想要获得别人的赏识，就必须给别人一个赏识我们的理由，即要让别人觉得我们值得赏识，别人才会去赏识我们。

上面故事中的李克爽，之所以得不到上司的赏识，是有原因的——老板是不会去欣赏一个像他这样业绩平平的员工的，然而李克爽不但没有意识到这一点，反而还抱怨老板不公平，这无疑是非常幼稚的做法。因此，如果我们没有获得别人的赏识，不要只去抱怨别人，而是要在我们自己身上找一找原因，看看我们身上到底有没有值得别人赏识的品质。

说到这里，我们来看这样一个小故事：

有一个大学生，自以为很有才华，可毕业后却一直找不到理想的工作，他认为：自己之所以"怀才不遇"是因为没有"伯乐"赏识他这匹"千里马”。

在痛苦和绝望之中，这个大学生来到海边，意欲投海自尽，以结束自己的生命。这时，正好有一个银发白须的老者从这里路过，救了他。

老人问大学生：“你为何要走绝路？”

大学生说：“我学有所成，却得不到社会的认可，没人赏识并重用我。我已经万念俱灰。”

老人听了，沉思片刻，随即从沙滩上拾起一粒沙子，让那个大学生看了看，然后把他抛到了地上，对他说：“你能把我抛掉的沙子捡回来吗？”

“根本不可能！”大学生摇了摇头。

老人从口袋中掏出一颗晶莹璀璨的珍珠，把它抛到了地上，问他：“你能把它捡回来吗？”

“当然可以。”大学生点了点头。

“你现在该明白了吧？”老人捋着胡须说。

大学生听了猛然省悟。

正如这个故事要告诉我们的一样。很多时候，我们之所以得不到别人的认可，很可能是因为我们只是一粒普通的“沙砾”，而不是价值连城的“珍珠”；如果我们是一颗价值连城的珍珠，就不会得不到别人的赏识。可见，如果我们想真正得到别人的赏识，那就要先努力让自己变成一颗“珍珠”。

所以，如果没有人赏识我们，千万不要无谓地抱怨别人或者抱怨其他因素，最好先在自己身上找找原因，最好先弄清楚我们自身是否有值得让别人赏识的品质。经过一番审视，如果发现得不到别人赏识的原因其实是出自我们自身的话，那么我们就先要提高自己，先让自己变得越来越优秀，这样别人才会觉得我们值得赏识，我们才能得到别人的赏识。

第10章 职场中的影响力法则——和客户搞好关系的心理策略

坐在你对面的客户，此时此刻，你知道他正在想什么吗？如果不知道就不要轻易开口。因为，此时如果开口不当，对对方来讲你的开场白就无疑是当头棒喝，让对方对这场谈判失去信心和兴趣。如此一来，生意又从何谈起？因此，此时最聪明的做法就是先打开对方的话匣子，从对方的言语中，揣摩对方到底在想什么！

华盛顿合作规律：先交朋友，再做生意

华盛顿合作规律说的是，一个人敷衍了事，两个人互相推诿，三个人则永无事成之日。这多少有点类似于我们平时所讲的“三个和尚”的故事。也就是说，在团队合作的过程中，如果能够让每个人的才智发挥到极致，整个团队就会事半功倍，而如果每个人的力量是相互抵消的，那么团队的力量还不如一个人的力量大。

在团队中，要想达成人与人之间的有效合作，不是说简单的人力相加就可以完成，而是要复杂得多、微妙得多。因为人不是静止物体，他更像是方向各异的各种能量，相互推动时，自然事半功倍，相互抵触时，则一事无成。因此，合作中，假设每个人的能力都为1，那么，10个人合作的结果有时比10大得多，有时甚至比1还小。

钓过螃蟹的人一定知道，篓子中放一只螃蟹时，是一定要盖好盖子的，因为它很容易就会爬上来。而篓子里如果放很多只螃蟹，就不必盖上盖子，也不用担心螃蟹会爬出来。因为只要有一只螃蟹想往上爬，其他的螃蟹就会纷纷攀附在它的身上，把它拉下去。最后的结果，只能是一只螃蟹也出不来。

如今，闻名于世的美国的大陆航空公司，曾经濒临破产的困境，还被顾客评为服务最差的大陆航空公司。1994年，经新上任的CEO贝森大刀阔斧地改革后，公司绩效大幅度提高，之后曾三次被评为“最佳顾客服务分司”。

贝森一上任，就开始检讨组织内部的问题，很快，他便发现问题的症结之一就是“航空公司的内部员工，工作起来都极其不快乐，没有向心力，缺乏团队合作精神。”因此，他很快就找到了改革的切入点，那就是，从改变员工的工作方式着手，在公司内部大力推行团队合作，以改变工作气氛和员工的合作方式。事实证明，贝森的改革是成功的，美国大陆航空公司的团队合作，不但改变了员工的态度，也成功地改写了大陆航空公司的历史和命运。

贝森独到的成功之处，就在于他成功地运用了心理学上的“华盛顿合作规律”，改变了员工内部结构和合作模式，使得原本相悖的力量化为方向统一的力量。这便是人性的弱点，人们之间由于相互猜忌，而无法完成友好的合作。人与人、团队与团队之间难道就无法友好合作，而达到双赢的目的吗？其实，很简单，在与人合作的时候，你只要优先考虑对方的利益，而不是一味地谋取一己私利，树立和对方之间的诸多障碍，问题就会迎刃而解。

单光华，今年33岁，已是而立之年，通过自己的一番打拼，事业上也算小有成就，年初的时候，他注册了自己的公司，虽说规模不大，但毕竟自己做了老板，也算人生一个新的起点。但是，他发现，自己羡慕已久的老板位置，并不是那么好坐，而且业务上的事，也有自己预期的顺利。这几天，长沙正在召开一次业内座谈会，单光华把手头的事情简单地跟秘书交代了一下，就马不停蹄地赶过去了，他希望在那里会有所收获。

座谈会上，来了不少社会名流，其中的徐总就是单光华所从事的行业内的“大哥大”。许多公司，把跟徐总合作，视为自己公司奋斗的目标。单光华当然也不例外。但是，整场座谈会下来，单光华并没有像其他公司的人那样对徐总死缠烂打，只是简单地打了个招呼，交换了一下名片。

可是，座谈会结束后，徐总那句“产品质量是一方面，关键是后期的服务。”一直在单光华的脑海中挥之不去，他反复地琢磨着这句话的含义。后来，全国各地又陆续召开各种洽谈会，单光华跟徐总又见了几次面。正所谓，一次生，二次熟，他们慢慢地就像老朋友一样聊起天来。可是，单光华却一直没有表明自己跟徐总合作的愿望。后来，单光华便经常在短信、电话中与徐总谈谈工作、生活上的事。就这样，不在同一所城市的两个大男人，偶尔也会煲煲电话粥，互诉一下“衷肠”。

很快，一年的时间过去了。在这一年的时间里，单光华跟徐总成为电话里的好朋友，但他们到此刻开始，还没有开始真正的业务往来。单光华的很多朋友，知道单光华钓到了这样的大鱼，却久久不拉上钩时，纷纷笑他太傻。而单光华却总是一笑而过。

其实，友谊何尝不是一种收获，甚至也可以说是一场合作，只是，这样的合作中，彼此间收获的不是物质财富，而是精神财富。徐总在跟单光华的交友过程中，屡次为单光华指点迷津，这让初出茅庐的单光华少走了很多弯路。竞争是残酷的，可徐总的建议总能让单光华疑似无路的时候柳暗花明又一村。

写到这里，想必结果已经不言而喻。单光华，不但成为了徐总的好朋友，他们更成为忠实的合作伙伴。想跟徐总合作的公司，数不胜数，最后，名不见经传的单光华却跟徐总成功签了约。这让那些自以为强单光华公司许多倍的公司老板大跌眼镜。

单光华靠什么取得了最后的胜利？显然不是公司的实力，而是一份真诚，一份发自内心的真诚。现在人们似乎有一个共识，那就是不要跟自己的好朋友合作，因为那样到头来，总会竹篮子打水一场空，生意做不成，反而伤了和气。其实，只要我们稍加分析，就会发现，这样的“朋友”，都还是把自己的利益放在首位，而非站在对方的立场去思考问题，一旦事情出现了纰漏，就会相互推诿，又时刻觉得自己对团队的贡献最大，即便坐享其成，都觉得理所当然。这样的合作，像极了愚昧的螃蟹，最后的结果，一定是一只也爬不出去。

因此，要想与人真诚合作，首要的就是拿出你的真诚来，而非表面的阿谀奉承。要知道，这样的小伎俩，在别人面前，很容易就会被戳穿。唯一经得起时间考验的就是真诚，别担心自己的真诚别人看不到，生意场不是冷血者的沙场，人们照样需要温情，只要你真诚地付出，就会换来别人真诚的回报。要有好的生意，人们第一想到的仍是自己的朋友！

背景效应：要学会利用你的“背景”

生活中，人们评价、看待一个人的时候，往往很自然地就会联系到他的背景，如家庭背景、社会背景、教育背景，等等，随之，对这个人做出评价。尤其是结交一位新朋友的时候，更是如此。心理学家将这种心理效应称为“背景效应”。

背景效应，是一种很常见的心理反应。当我们有意了解一个人的时候，往往是通过别人传递的信息或是跟他有关的一些资料进行了解，其实，这就是在了解他的“背景”。人们通过这些“背景”，对这个人做出初步的了解和评价。

这就好比佛像后面一轮光环，光环恰到好处地衬托了佛像的神秘和庄严。如果一个人有着很好的背景，即使初次谋面，也总是能为自己赚来人气。

但是，有些背景，是与生俱来的，而有些背景，则是靠自己去寻找建立的。没有人可以一劳永逸，更没有幸运儿，可以永远坐享其成。因此，即使你没有良好的家庭背景、教育背景、生活背景等，也不是什么大不了的问题。因为社会关系是不断变化着的，只要你用心，你的“背景”就会不断地优越起来，而且运用得当，它会给你带来命运的转机和无限的财富。

埃利耶，刚刚大学毕业，她最初的梦想就是毕业后能进入某家公司。可是，毕业后，她由于种种原因错过了那家公司面试的机会。

埃利耶的父亲知道女儿的心愿后，决定助女儿一臂之力。原来，他们的邻居中正好有一位先生就职于那家公司，父亲决定利用自己每天早上都会在电梯里跟他打招呼的“背景”跟那位先生套套近乎。说实话，这样的做法，就连他自己也没有把握，不知道那位先生是否肯帮忙。可是，第二天的早上，埃利耶的父亲在电梯里遇到那位先生的时候，还是试探性地说出了自己的请求。

可事后，埃利耶的父亲才了解到，那位先生只是那家公司里一位普通的职员。但是，埃利耶的父亲仍从他那里得知了某些高管的姓名和电话。后来，埃利耶拿着这张电话名单试探着打去了电话。其中的一个号码是这家公司总裁办公室约翰先生的电话。约翰先生很友好地接完埃利耶的电话，并告诉她应该去找谁，面试的工作由谁在负责。就这样，埃利耶根据前一个电话里的提示，她接连打了好几个电话。最后一次，埃利耶略施小计，告诉接电话的人：“约翰先生，让我打电话给您，商量一下面试的事情。”

既然是总裁安排的面试，那个人当然不敢怠慢。就这样，埃利耶竟然“起死回生”了，让看似毫无希望的事情，最后却由于父亲的“一臂之力”和自己的“小计谋”，竟然出人意料地得到了一份自己理想中的工作。

埃利耶之所以能够最终得到一份令自己满意的工作，很显然，是利用了自己的“社会背景”，尽管这种“社会背景”看起来非常薄弱，但是，关键时刻，仍可以给自己带来转机。因此，没有人愿意给自己的人际交往设置障碍，适当利用自己的“背景”，总是能让交往更顺利，为自己带来好运。因此，正确看待社会关系和背景是非常有必要的，说不定什么时候就在你感到前方无路的时候，它能为你打开一扇窗。接下来，让我们来看看下面的例子吧！

王美娜，先前就职于一家文化公司做职员，两年后，自己各个方面都已经成熟起来，但唯一不满意的就是自己的待遇。为了给自己搭建更好的发展平台，她决定跳槽。在各大招聘网站上游逛了两天后，王美娜终于有的放矢地投出了自己的简历，当天下午，她就接到了面试的通知。

第二天，王美娜早早地出门了，可是，谁知道，刚刚开了不到两站地，公交车就堵死了。这样一来，等到王美娜赶到公司的时候，面试已经结束了，她只好往回走。可就在王美娜刚要走出办公楼时，突然一个熟悉的身影从她身边晃了过去，“咦，那不是我上次在座谈会上见过面的刘先生吗？”“刘先生，您好！”王美娜赶忙招呼道。听王美娜这么一叫，刘先生先是愣了一下，随之说道：“你好！”“我是来面试的，可是堵车，所以来迟了。”王美娜赶忙很抱歉地说道。刘先生用手指了指前边说：“一直往里走，左边倒数第二个办公室就是周秘书办公室，今天的面试是由她负责的。”“哦，好，谢谢刘先生。”王美娜谢过刘先生，赶忙朝周秘书的办公室走去。

王美娜走进周秘书办公室的时候，周秘书正在收拾办公桌上的简历，显然，面试已经结束。“有什么事情吗？”周秘书问道。“您好，我是来面试的，刘先生让我跟您联系一下。”王美娜微笑地说道。“哦，是吗？那你坐吧！”秘书抬头看着王美娜，做了一个让座的手势。

就这样，王美娜得到了一份自己向往已久且“来之不易”的工作，于是，工作起来更加卖力。很快，她在工作上便小有成就了。

无论是埃利耶，还是王美娜，她们之所以能够得到一份看似本不属于自己的工作，很显然，他们都起用了自己的“社会背景”。在职场中打拼的人们，都不可避免地跟人打交道。有人说：“不需要与人打交道，就可以成功的人只有一个，那就是凡·高，可他却在自己死后五百年才获得成功。”试问，你有凡·高的气魄和能力吗？如果没有，从现在开始学会交际吧！学习交际，很显然就要用到自己的“背景”，无论是家庭背景、教育背景，还是自己的社会背景，都可以为之所用。不要高傲地以为，这样的“利用”是一种算计，因为利用自己的社会关系创造价值是一种正当的手段。况且，当我们在职场中遇到麻烦的时候，很自然而然地就会想到去找找“老熟人”，这显然就是在利用自己的“背景”。

在与人交往的时候，不要轻易地丢掉任何一张名片，如果可能的话，尽可能地多记住一些人的名字。因为，下次有机会谋面时，倘若你能够马上叫出对方的名字，你们的关系就会更进一步。而这些关系的建立，就好比放在自己背后的光环，光环越大，衬托得你就越容易脱颖而出。最为重要的是，你的社会关系就这样一步一步地建立起来，“背景”也就随之优越起来，交际起来，你更会如鱼得水。

外因效应：学会包装自己的社交形象

外因，是指事物变化、发展的外在原因，即一事物和其他事物的互相联系和互相影响。通常情况下，事物的变化发展，由于不具备成熟的外因而达不到预期的目的。日常交际中，巧妙地利用外因，美化自己的形象，是非常有必要的。这种现象，在心理学上被称之为“外因效应”。

要想让自己人气暴涨，要想做一个交际场上的红人，就必须做一个有好人缘的人。而要想拥有好人缘，就必须做一个在任何场合都非常受欢迎的人。

事实上，几乎所有人都想做一个在人际交往中非常受欢迎的人。然而在现实的交往中，也许你学识渊博，也许你能言善辩，也许你谈吐文雅……可即使拥有这些令很多人羡慕的东西，也不一定能成为一个受欢迎的人，在处理人际关系的时候，可能会遭遇很多麻烦。那么，如何才能在人际交往中取得成功呢？我们认为，要想真正在人际交往中获得成功，要想真正拥有好人缘，就必须会包装自己的社交形象，在人前树立一个善交际、懂礼仪、会说话、办事周到的社交形象，这样才会获得好人缘。

我们来看这样一个小故事：

晨晨毕业于北京某著名大学，毕业后他在一家著名的广告公司找到了一份广告策划工作。

晨晨的个人能力非常强，参加工作后不到半年就成了公司的得力干将。他主持策划的几套广告方案为公司带来了很可观的社会效益和经济效益。

按照行业里的规则，做到这种程度上的晨晨一年后就应该被提升为部门主管了。可是，如今两年过去了，他仍然是一个小职员。这是为什么呢？原来晨晨是一个非常自我的人，仗着自己的业绩，他在公司里为人处世非常高调。在晨晨眼里，公司里的人都是一些无能之辈，连公司的老总在他眼里都无足轻重。他整天一副扬扬得意、高高在上的样子。

其实，晨晨的工作能力很强，公司老总也早就想提拔他了。可是每次一到考核的时候，同事们都说晨晨个性太强，不好相处，一点团队意识都没有，并表示不愿到他所负责的部门做事。

就这样，晨晨在公司里一直都是一个人一个部门。老总一谈到他，也总是无可奈何地摇头说："他就是恃才傲物，个性太强了。他要是稍微低调一点，懂一点交际手腕，和同事的关系处得好一点，他就是个完美的员工了。"

按说，晨晨的条件多好啊！有一流的教育背景，工作能力也很强，在公司也有很多机会，但为什么就是不受同事们的欢迎呢？为什么老遭到同事们的"排挤"呢？晨晨的失败就在于他忽视了自己良好的社交形象的包装。晨晨的烦恼可能也是很多人的烦恼。

其实，人际交往就是这样，你敬我一尺，我还你一丈，不会有人无缘无故喜欢一个人，也不会有人无缘无故讨厌一个人。在人际交往中，一个人之所以会受人欢迎或者是被人憎恶，完全是由他的社交水平、个人品位以及为人处世的方式所决定的。要想获得好人缘，要想在社交场合顺风顺水、游刃有余，我们必须学会包装自己的社交形象，必须在人前树立一个健康良好的社交形象。这就需要我们不断地从各个方面完善自己、提高自己、修炼自己，以提升自己的社交水平，提高自己的个人品位，为我们赢得爆棚的人气打下一个良好的基础。

让我们再来看看孙国栋的例子吧，在这个年轻人身上，我们能够学到很多东西。

孙国栋刚刚从大学毕业。毕业后，在一家大型外企找到了一份工作。这家公司虽然不错，但是孙国栋只有大专学历，相对于那些名牌大学毕业的高才生，实在差了很多。也正因为这样，公司的领导根本没有注意过他。

但是孙国栋是一个聪明的小伙子，他知道自己学历低，便发挥自己其他方面的特长。在公司里，他见到每个同事都主动打招呼，对方需要帮助的时候，他会非常热情地伸出援助之手。在工作的时候，他也总是向老员工虚心请教，在请教完毕之后，再向对方表示自己的谢意。正因为这样，每当评价起这些刚刚来公司的年轻人的时候，大家总会说："这些人里面小孙最懂事了，看见我们就主动打招呼""这个孩子还非常谦虚好学呢，经常向我请教问题。"因为大家都夸奖他，领导也对他格外注意。在公司工作了两年之后，他就得到了公司领导的提拔。

在生活中，学会包装自己是非常重要的，只有这样，你才能像孙国栋一样，获得好的人缘以及人际关系——这对你的发展来说，是非常重要的。也许很多人都不明白，怎样做才能巧妙地包装自己的形象呢？其实这也很简单，你可以从以下几个方面做起。

首先，要谦恭自律，不要争强好胜。不管在什么时候，不管在什么场合，不管面对什么样的人，我们首先要做的一点是要让自己学会谦虚自律，不要争强好胜。也就是说，在社交场合，无论我们的知识多么丰富，口才多么犀利雄辩，我们都应该时刻以谦恭的态度严格约束自己。这样，我们的威信和良好形象的树立和保持，不仅不会受到影响，反而还会使我们获得很好的人缘。

其次，在和别人说话的时候要和气，不能出口伤人。在现实生活中，很多人都因为语言尖刻或者"刀子嘴豆腐心"而惹人生厌。这非常不利于良好社交形象的树立以及好人缘的获得。因此，我们在与人交往的过程中，一定要学会以和风细雨的态度为人处世，千万要避免出口伤人，我们在说话的时候一定要三思而后"语"，不宜心直口快，不宜含沙射影；说话之前，我们起码先得考虑这样一个问题——对方愿不愿意听我们说话；我们还要学会换位思考，我们的“金口玉言”如果是对方说给我们，我们是愉悦还是心生不快？如此这样，我们便会逐渐改掉“出口伤人”的毛病。

最后，值得我们注意的是，在和别人发生矛盾的时候，即使我们占了理，也不要针锋相对，得理不饶人，这种处事方式是很不受欢迎的。因为人无完人，说话办事哪能没有个闪失呢？每个人都有心气不顺的时候，如果对方所说的话，我们感到不悦耳甚至反感，不妨充耳不闻；假如对方的行为，我们觉得不顺眼，不妨视而不见，何必过分认真、锱铢必较、穷追不舍，定要报以尖刻的话呢？即使“得理”也要学会“饶人”，这样才有助于我们良好社交形象的树立。

相似效应：用“相似”博取对方的认可

俗话说：“物以类聚，人以群分。”这句话就是在提醒大家，相似的人或物之间充满了吸引力。而在日常交往中，大家也同样会发现，具有相似或相同爱好的人，总是能有更多的话题，说起话来，也总是能更投机。而一旦合作起来，他们就会更加默契。因此，在人际交往的过程中，我们就可以利用人们的这种心理来求人办事，来获取别人的帮助和支持。

古时候有个姓张的人，虚荣心非常强。有一次，他得了一张漂亮的床。为了炫耀这张漂亮的床，这个人便假称有病，卧床不起。亲戚朋友听说后纷纷来他家看望他。嘘寒问暖之后，亲戚朋友们看到主人的新床，不免赞叹一番。

亲戚中有个姓尤的姻亲，虚荣心也很强。这天他刚好穿了一双新袜子。

为了炫耀自己很中意的袜子，他故意把裤管撩得老高，架起腿露出袜子，然后问："张兄，你病得怎样啊？是什么病呀？"病人一见姓尤的姻亲那架势，心里顿时明白了，望着姓尤的姻亲哈哈大笑："尤弟，我的病跟你的病一样呀！"

这个故事就是成语"同病相怜"的出处。后来，人们便用"同病相怜"来比喻境遇相同的人互相怜悯和同情。心理学上认为，因为人们之间的相似性，会引起彼此喜欢、吸引的情绪或态度。也就是说，人们普遍都会喜欢那些与自己相似的人，这就是"相似效应"。

我们接着再来看这样一个故事：

从前，有个人长得很黑。有一天，他在井边洗澡，把肥皂放在井台上。这时，飞来了一只乌鸦，以为肥皂是可吃的东西，便一口叼走了。

洗澡人抬头一看，见是一只黑乌鸦叼走了他的肥皂，自言自语地说："哈，它和我一样黑，也需要肥皂，叼走就叼走吧！"

因为乌鸦长得像自己一样黑，因此这个长得特别黑的人就没有和乌鸦计较肥皂的事情，这也是"同病相怜"的原因。其实，人们普遍具有这种心理。人们都会喜欢那些与自己在某些地方非常相似的人，这里的相似包括个性、态度、信念、爱好、信仰、社会阶级、种族、国籍等多方面的相似。

在人际交往的过程中，如果我们能够抓住人们的这种心理特点，就能够轻松解决人际交往中的很多难题。例如，当我们在求人办事的时候，就可以好好地利用心理学上的"相似效应"来达到自己的目的。

在一家食品公司，有一个小店业务员，他的工作就是拖着一车货物沿街边小店进行销售。一天上午，这个小店员来到一家小店门前。然而，还没有等他说一句话，店老板就对他说："你不要过来，我不会买你的货，我还没开张，不要烦我。"业务员一看这阵势，不好对付啊！怎么办呢？他静下心好好地想了一想，然后对店主说："我有点儿累了，能不能在您店前歇歇脚、稍微休息一下？"店老板表示同意，并且给业务员倒了一杯茶水。在喝水的时候，业务员趁老板有空，对店老板诉起苦来："其实，我也真的不想做这个工作，每天遭人白眼，被人拒绝，日晒雨淋的，但真的是没办法，下岗半年多了，老婆最近也下岗了，生活真是太艰难了。"店老板接茬了："是啊，混口饭吃不容易！人活着就是要面临很多困难的。"

就这样，两个人聊了十多分钟。

十多分钟之后，业务员把茶杯放在桌子上，站起来准备离开。然而还没等业务员迈出第一步呢，店老板就说话了："你有多少钱的货？"

"五百多元钱的货，不多。"业务员说。"那你把这些货留下吧！"店老板连货物的价格、品种都没有问，就让业务员把货留下了。

业务员一脸惊讶。店老板说："我也是下岗不久才经营起这个小店的，大家同是天涯沦落人，都不容易。你这些货物，我先留下吧。就算是互相帮个忙吧！"

店老板的态度为什么前后反差这么大呢？究其原因，是"相似效应"在起作用。业务员的诉苦勾起了店老板的回忆，他们两个人都是下岗工人再就业——这一点相似性在情感上引起了老板的共鸣。有了情感的沟通，交易自然就变得更顺利、简单了。

其实，从人类心理发展的角度来看，人类的生存意义从根本上体现在最大限度地使自己从"本能生命"的束缚中解放出来，去努力获得"超生命"的本质，成为自己生命活动的主宰者。这意味着人已突破了生命"物种"的规定，超越了自然本能的限制，在生命许可的条件下，人总是用其心理的认同去支配自己的生命活动，以心理的自我决定去充当自己生命的主人。这就决定了在人与人交往的过程中，心理的相似性会显得特别珍贵，人们通常会珍惜一个与自己有诸多相似性的人。

"同是天涯沦落人，相逢何必曾相识"，人生的漂泊之感，生活的沦落之情，同在交际双方的心中萌发时，一切交往障碍都会在瞬间消逝；个性的认同之感，处境的艰难之情，同在交际双方的心中产生共鸣时，一切语言的隔阂都会在当下消除。因此在人际交往中，如果我们想获得对方的支持，就可以适当地用一用心理学上的“相似效应”，先拉近彼此的心理距离，让彼此产生一种知音的感觉，然后再提出要求，对方才可能支持和帮助我们。

喜好原理：投其所好，拉近关系

“喜好原理”认为，人们总是喜欢跟自己有共同话题的或者相似性较高的人交往，人们总是愿意答应自己认识和喜爱的人提出的要求。在人际交往的过程中，如果我们想与对方建立良好的人际关系，就可以利用“喜好原理”先赢得对方的认可，再以此为突破口，开始实质性的交际。

“喜好原理”和我们上边讲过的“相似效应”有异曲同工之妙。喜好原理的意思是说，人们总是喜欢与自己有共同语言的人交往。这个原理一针见血地指出了人类交往中的内在规律：人都是喜欢跟自己有共同话题的或者相似性较高的人交往，人们总是愿意答应自己认识和喜爱的人提出的要求，每个人都认为这是很自然的事，甚至没有谁会对此感到惊讶。

因此，在与人交往的过程中，如果我们想要获得别人的认可与支持，有必要先找找彼此身上的共同点或者能吸引彼此兴趣的特质。这样，我们再以“共同点”或者彼此感兴趣的“兴趣点”为基础，展开话题，继续交际，就很容易获得对方的认可与支持。

我们来看这样一个故事：

一间旅馆的一个房间在同一时间住进了三个人。三个人彼此都不认识。晚上，吃过晚饭后，高个子男子侧躺在床上看书；矮个子男子收拾着自己的行李；年纪最大的男子把床铺开坐在床边上发呆。

看上去，年纪最大的男子很是无聊，他试着为自己找点事干，于是，他把头转过去，向正在收拾行李的矮个子男子搭讪："师傅，拿这么多行李啊？看来是出远门啊！"

"还行，也不是很远，我是从山东枣庄过来的。"矮个子男子边收拾行李边回答。

"啊！我们是老乡啊。我是山东临沂的。枣庄那可是好地方啊，十年前，我到过那里，不错啊，风土人情都挺好的，好地方！"年纪最大的男子，顺藤摸瓜把话题往下延伸。

"过奖，过奖，嘿嘿。"矮个子男子看上去蛮高兴的。

"同志，你是从哪里过来的呢？"年纪最大的男子又把头转向了正在看书的高个子男子。

"哦，我也是从山东来的。"高个子男子回答。

"哦？原来也是老乡啊？幸会幸会。"没等年纪最大的男子说话呢。矮个子男子已经把话头接过去了。

就这样，三个山东大汉没过一会儿就聊起来了，并且聊得很投机。在深聊的过程中，三个人还分别了解了彼此的身份：高个子是做蔬菜生意的，矮个子是开饭店的，年纪最大的男子居然是当地最有名的菜农。当得知了彼此的身份之后，三个人聊得更投入了，简直有一种"相见恨晚"的感觉。半小时之后，他们就谈起了生意：年纪最大的菜农爽快地和高个子男子签订了一份供菜订单；高个子男子又和矮个子男子也签订了一份送菜合同。半小时之前他们还是彼此互不认识的陌生人，转眼之间，他们就成了生意上的伙伴，这让他们自己都不敢相信这是真的。

为什么三个本来陌生的人只用了半个小时就成了聊得十分投机的生意伙伴？究其实质，就是三人的"喜好心理"在发挥作用。

"喜好原理"告诉我们，人们都喜欢跟自己有共同话题的或者相似性较高的人交往，例子中的三个人正是因为知道了“彼此都是来自山东”这个共性，才使得他们的心理距离一下子被拉近了，他们几乎是在一瞬间从陌生人变成了熟人。

接着，三人又都知道了彼此的身份，他们都与“菜”有关系，这让他们又找到了彼此的共性，相互之间的距离又近了一步。当三个人的心理距离被连续两次迅速拉近之后，他们之间已经没有任何人际交往的隔阂了，“半小时内成为生意上的伙伴”也就不足为奇了。

瀑布心理效应：在社交场合说话要有分寸

我们经常会有这样的体会，在跟人交谈的时候，我们不经意说的一句话，对方却非常看重，我们想表达的明明不是某个意思，但对方却听出了“弦外之音”，正所谓“说者无心，听者有意”。这种现象在心理学上被称为“瀑布心理效应”。

“瀑布心理效应”提醒我们，在人际交往的过程中，我们要学会谨言慎行，注意说话的分寸。日常交际中，我们也经常会有这样的体会，在跟人交谈的时候，我们不经意说的一句话，对方却非常看重，我们想表达的明明不是某个意思，但对方却听出了“弦外之音”，正所谓“说者无心，听者有意”。

在《史记》中，曾经记载了这样一个故事：

平原君赵胜的邻居是一个瘸子。有一次，这个瘸子一瘸一拐地到井台打水，被平原君的小妾看到了。小妾看到这位邻居一瘸一拐的样子非常好笑，便大声笑了起来。这让这位邻居心生不满，他找到平原君，要求杀掉那位讥笑他的小妾。平原君对那位小妾非常宠爱，更何况仅仅因为讥笑一个人而杀掉她，多少有些说不过去。于是，他对于邻居的要求支支吾吾，想敷衍过去。那个邻居见平原君没有答应自己的要求，便说:“在大家看来，平原君尊重士子而轻视女色，所以，数以百计的士子都来投奔您。我不过是有些残疾，却无端遭到您小妾的嘲笑，这让我感到受到非常大的羞辱。古人曾经说过:‘士可杀不可辱。’所以，请您为我做主。否则，旁人会认为您重女色而轻士子，再也没有那么多的士子投奔您了。”这句话说到了平原君的心里，虽然他很不忍，但是最后还是杀掉了那位小妾，并且向邻居登门道歉。

看完这篇短文，相信很多人都会觉得那位小妾死得冤枉。的确，她仅仅因为一次无心之失，就送掉了自己的性命，实在是很不值。不过，她这种“无心之失”确实会让对方感觉受到了极大的羞辱。

在现实生活中，很多人都有过被别人的“无心之言”刺伤的经历。同样，很多人也有过说话不注意分寸、让自己的“无心之语”刺伤别人的经历。这是一种非常奇怪的现象，信息发出者（说话者）的心理比较平静，但传出的信息被对方（倾听者）接收后却引起了心理的失衡，从而导致态度行为的变化。这种现象，正像大自然中的瀑布一样，上面平平静静，下面却浪花飞溅，轻则引起对方的反感，重则给自己引来灾祸。心理学家把这种现象称为“瀑布心理效应”。这样的例子在我们的身边比比皆是:

李良是一个性格大大咧咧的人，说话心直口快，非常幽默，不管遇到什么人、什么事，他都是乐呵呵的，是个十足的“乐天派”。因为乐观开朗的个性，李良在亲戚朋友中的口碑非常好。但也因为他过于直爽的性格，他在日常生活中也常常得罪人。

例如，去年同学聚会，李良不知道是哪里来的兴致，竟开起了一个个性非常腼腆的女同学的玩笑，玩笑中无意指出了该女同学生理上的一个小缺陷。

在场的同学都知道李良的性格，都知道这是他的无心之语，然而“说者无意，听者有心”，李良的话一出口，那位女同学的脸“噌”的就红了。那位女同学是一个性格比较平和的女孩，对李良当众的玩笑并未反驳，但心中非常不满意，从此就与李良有了芥蒂。

从那以后，同学聚会，只要李良参加，就再也没见到那位女同学的影子。

李良知道原因以后，对此懊恼不已，只因自己的一个玩笑，就失去了一位好朋友，真是不值！

李良的一句“无心之语”，竟然招致了女同学的记恨，这就是“瀑布心理效应”在起作用。可见，如果我们想在社交场合中成为一个受欢迎的人，就必须时刻提醒自己不要犯“无心伤人”的错误，做人做事要谨言慎行，说话要有分寸，不能毫不顾及对方的感受。

我们要想避免无心之失，就要看准时机，谨言慎行。有的人说话时旁若无人、滔滔不绝，不看别人脸色，不看时机场合，只管满足自己的表现欲，这是缺乏修养的表现。说话应注意对方的反应，不断调整自己的情绪和讲话内容，使谈话更有意思，更为融洽。只有这样，我们才不会因为自己的无心之失伤害到对方。

第11章

生活中的“财富”积累法则
——和朋友搞好关系的心理策略

你的朋友是越来越多，还是连以前的好友都离自己远去？朋友是人生中最宝贵的财富，得不到友谊的人将是终身可怜的孤独者，而没有友情的社会则只是一片繁华的沙漠。那么，如何才能让友情这棵常青树不朽呢？这需要你懂得一些心理法则，它们是维系友情的纽带。

跷跷板定律：你和朋友间的支点不可失衡

每个人做事，都希望实现利益最大化。人际交往也一样，不是所有人愿意为他人无偿付出。一段稳定的人际关系，必须保持相互交换的平衡。说到底，人和人之间的关系，就像两人在踩跷跷板，和谐相处就要保持双方支出的平衡和对等。

人际交往，在本质上是一个社会交换的过程，即相互给予彼此所需要的。其实，朋友间也一样，也是一种交换。这么说来，或许有些人会咂舌，但只要你仔细想想，就会发现，这并非没有道理。你和朋友交往的目的是什么？当然，起初，你并不是出于某种特定的目的与之交往。

人们交朋友的动机，绝对是因为觉得这个人还不错、够朋友，才下决心与之交往。没有人愿意跟狡诈的小人交朋友，一旦交友不慎，遇到这样的人，都会自叹倒霉。因此，朋友间其实也是一种交换，只是这种交换不同于一般的商品交换罢了，它有自己独特的内在法则。既然是交换，就需要等价，这就好比你和你的朋友踩着跷跷板的两端，无论哪头过重或是过轻，这种平衡都会被打破，友情，也就随之而逝。

冯勇是个性格开朗，大大咧咧的年轻人，但是，他的人缘却不怎么好。这跟他的自负有着直接关系，他毕业于一所名牌大学，本科毕业后，又到国外深造了一年，并拿到了硕士文凭。这一切，都带给冯勇一种至上的优越感。一个人一旦自认为了不起，他的行为往往就会变得轻狂、自私起来。于是，冯勇跟同事相处起来，总给人一种盛气凌人的感觉，做起事来也往往比较专断，很少顾及别人的感受。但前几天的一件事，彻底让冯勇醒悟过来。

上周五的下午，冯勇要出门办事，跟往常一样理所当然地拿起同事李亮雨的车钥匙，顺口说了句：“用下车”就要走人。谁知，李亮雨这次并不像以往那样默许，而是一把抓住车钥匙，说自己待会要用。结果，直至下班的时候，也没见李亮雨的人动弹一下。

李亮雨这样的举动，让冯勇意识到自己一定是哪里得罪了李亮雨。他仔细回忆，才发现，原来，李亮雨有好几次由于工作的事找自己帮忙，自己却都是不耐烦地拒绝了。现在，冯勇才猛然发现，原来，自己所谓的“曲高和寡”，只是自己天真的自以为是罢了。事后，冯勇改变了自己做事的风格，积极地参与同事间的交流与合作，同事有事，他更是在自己力所能及的范围内帮助别人。他渐渐地发现，自己不再“曲高和寡”，同事们也越来越喜欢跟他一起探讨问题了。

以自我为中心是人际交往中的一大障碍，它会阻止人际关系的正常发展。当然，有些人的“自私”很有可能是无意识的，就像冯勇，他并不是一个坏人，只是自己的性格使然，做出一些伤害朋友之事，只要积极改正，同样可以赢得更多的朋友和友谊。但是，真正自私的人，永远都为了一己私利着想，从不顾及别人的感受。这样的人，就如同坐在一个静止的跷跷板顶端，虽然维持了高高在上的优势位置，但整个人际交往却失去了互动的乐趣，因而变得索然无味。因此，要想拥有真正的朋友，你就要学会把握彼此之间的平衡点，让架在你和对方之间的跷跷板，无论哪一方都不要过于偏高或是偏低。下面，我们再来看看名扬的做法，或许，你能从中得到一些启示，而对于朋友，你会有更深的理解。

名扬与郝智是非常要好的一对同学，大学毕业后，俩人便结伴来到北京打天下。如果让他们回忆两个人打工的经历，写下来同样是厚厚的一本书。还好，经过几年的打拼，现在，他们终于在这座曾经“身在异乡为异客”的大都市里站稳了脚跟。去年年初的时候，名扬拿出自己所有的积蓄开了一家网吧。

网吧规模不大，但是，各个方面的花费对于名扬来说仍是一笔不小的开销。起初，由于自己初出茅庐，缺乏经营之道，网吧一直处于亏损状态。这样一来，他连吃饭都成了问题。郝智在一家中外合资的软件开发公司上班，收入相对这个一日千金的城市来说那简直九牛一毛，但是，负担兄弟的生活费，还是绰绰有余。于是，他无数次地对名扬慷慨解囊，三四百、五六百、一两千是正常事。直至后来，名扬都记不清到底欠了郝智多少钱。

郝智从小到大对音乐一直情有独钟，他最大的梦想就是利用自己的工资为自己购置一架钢琴。可在名扬开网吧的半年时间里，他的音乐梦却是一拖再拖。名扬当然知道，兄弟为了自己的梦，把自己的梦一再延迟。最后的胜利，永远属于坚持到最后的人。半年后，名扬的网吧终于扭亏为盈，开始上轨道了。时间飞逝，转眼间郝智的生日到了。这天正好是周六，郝智想好好睡个懒觉，然后去找名扬过生日，可他人还迷迷糊糊的，就听到阵阵敲门声。“先生您好，您的快递！”郝智打开门的那一刻就愣住了，一个庞然大物被包得严严实实地摆在门口，使他一时间丈二和尚摸不着头脑。“我没有订东西呀？”郝智迷惑地问道。“是您的一个朋友让我送到这里的，您只需签下字就可以了，费用他已付过了。”快递员回答道。郝智迷迷糊糊地签了字。

打开层层的包装，郝智大笑起来，一架崭新的钢琴上放着一份被压成蛋糕饼的生日蛋糕，不用猜，看着蛋糕上蹩脚的三脚猫英语功夫“Happy Birthday”，郝智就知道这是名扬干的。说实话，钢琴的质量很一般，但那一刻，在郝智看来，它价值连城，因为它圆了自己的梦。郝智脸上的笑容慢慢地凝固了，突然感觉眼角有些湿润，但心是热的。那一刻，感慨、感叹、感激、感动、感伤、感怀……或许都有吧！那个夜晚，兄弟俩喝得烂醉如泥！

自己身处逆境，你想到了朋友，想必这个时候，你也会在自己的心中掂量一下哪些朋友可以帮得上忙，哪些朋友只是摆设。向别人伸出手索要东西时，一定先要想想自己曾经付出了什么和付出过多少。你会在这样的对比中，找到朋友间的平衡点，也只有这样，才是为友情保鲜的王道！

超限效应：再好的朋友也要“适度”

超限效应，是指刺激过多、过强或作用时间过久，从而引起心理极不耐烦或逆反的心理现象。超限效应提示我们，“不及”固然达不到既定的目标，但“过度”又会产生超限效应，非但达不到既定的目标，甚至还会导致反作用力的出现。

心理学上的“超限效应”，用一个词“过犹不及”来解释再合适不过了。生活中的我们，总是在轮流地扮演着各种角色，但无论我们扮演何种角色，都不可避免地与人打交道，在与人交际的过程中，我们应时刻提醒自己对“度”的把握。无论说话、做事，还是交朋友，都不可过“度”，否则，就会事倍功半。

有一次，美国著名作家、幽默大师马克·吐温在教堂里听牧师演讲。最初，他觉得牧师讲得很好，很感人，于是准备捐出自己所有的钱。可是，十分钟过后，牧师仍然没有讲完，他就有些不耐烦了，他改变决定只是捐出自己一部分的钱财。又过了十分钟，牧师仍然没有讲完，于是，他决定只捐一些零钱。又过了十分钟，牧师仍然在那里喋喋不休，这时，他决定一分钱也不捐了。到牧师终于结束了长篇大论的演讲而开始募捐时，马克·吐温由于气愤，不但没有捐钱，还从盘子里偷了两美元。

语言感染力的大小，不在于它的数量，而在于它的质量。牧师的絮叨把一个有能力募捐者的善意变成了气愤。因此，无论是日常生活中与人交流，还是应邀做演讲时，都要掌握好“火候”，要懂得过犹不及的道理。因此，聪明的演讲者总是在演讲最为精彩的时候终止，这就好比好戏总在高潮时谢幕是一个道理，可以给观众留下无限遐想的空间。

那些站在台上滔滔不绝的人们，自认为是在展现自己的聪明才华，事实上，他们只是舞台上可有可无的角色，站在台上，纯粹是在浪费观众的时间而不自知。因此，能说一句话就可以表达清楚的事，不要说两句话；说两句话能表达清楚的事，千万不要说十句话。要善于把自己的思想和主张浓缩成一句话，让它犹如一粒沉甸甸的石子般掷地有声！与人交往，千万不要做《大话西游》里面喋喋不休的唐僧，那样，你身边的人会忍受不了的。刚刚我们讲的是说话要有度，那做事呢？自然也是一个道理。

张洁跟李莹是一对很要好的姐妹，俩人走到哪里都形影不离。俩人一起逛街、吃饭、淘衣服，好得跟一个人似的，就算张洁有了男朋友，她也从来不会因此而冷落了李莹，每次男朋友带自己去吃饭，她都会叫上李莹。而李莹则觉得，既然是好姐妹，揩点儿油也没关系嘛。

可就是这样的一对好姐妹，也不是没有闹矛盾的时候，李莹最近做的一件事情就让张洁心里很不舒服。前几天，张洁生日，男朋友送了她一条项链，当晚，男朋友让张洁打开试试看。可张洁觉得包装实在是太漂亮了，就没舍得打开。于是，恭维自己的男朋友道：“你送的我一定喜欢，我要先去配件漂亮的衣服，再打开看。”男朋友笑着拍了拍张洁的头。

可是，第二天张洁下班后，一进门就看到李莹在卫生间试戴项链。“张洁，你朋友送你的项链太漂亮了，放着多可惜呀，就先让我戴几天吧！”看着桌子上被拆得乱七八糟的包装盒，张洁顿时气不打一处来。说来也巧，这时男朋友正好敲门进来，李莹由于没有发现张洁情绪的变化，就去开门了。张洁的男朋友看到李莹的脖子上戴着自己送张洁的项链，很吃惊地望着张洁。张洁这时真是有口难辩。

为这事，那晚男朋友跟她狠狠地吵了一架。事后，她虽然和男朋友和好了，也跟李莹解释了这件事。可李莹却不以为然地以为，都是好朋友嘛，这点小事就这么计较。而且还当着张洁的面，指责她的男朋友小家子气。

这样一来，张洁再也懒得跟她解释了。只是，以后，她出门带上李莹的次数越来越少，俩人之间似乎从那以后就多了一层隔阂。几个月后，房租到期了，她们也就各自租各自的房子了。

李莹的做法，显然超出了张洁能够承受的“度”，不要以为是好朋友，俩人就真的可以合二为一。任何事本身都有底线，底线一旦被打破，就会“过犹不及”。人与人之间的交往，就像行驶在马路上的汽车一样，彼此间需要安全距离。

以上讲的就是原则，就是“度”，朋友之间固然也是如此，一旦彼此间的安全距离被破坏，超出了度，而侵犯到了对方的领域，你们的关系就会变得紧张起来。因此，与朋友间保持适当的度，拉开合适的安全距离，才是为人处世，交朋友的秘诀。

马太效应：让你的朋友越来越多的秘密

《圣经》中“马太福音”一章里有一句名言：“凡是有的，还要加给他，叫他有余；没有的，连他所有的也要夺过来。”美国著名哲学家罗帕特·默顿发现了同样的现象，即荣誉越多的科学家，授予他的荣誉就越多；而对那些默默无闻的科学家，对其做出的成绩往往不予承认。于是，他把这种社会现象命名为心理学上的“马太效应”。

《圣经》中有这样一句经典名言：“凡是有的，还要加给他，叫他有余；没有的，连他所有的也要夺过来。”这句话出自《圣经》中的“马太福音”那一章，具体说来，它来源于一个经典的圣经故事。

主人要到外地去，把三个仆人叫到身边，按其才干分别分了银子给他们。第一个仆人，从主人那里得到了五千两银子；第二个仆人，从主人那里得到了两千两银子，第三个则得到了一千两银子。

主人走后，第一个仆人，用主人给他的五千两银子去做买卖。结果，他又赚了五千两银子，这样一来，他便拥有了一万两银子；第二个仆人，同样用主人给自己的两千两银子去做买卖，结果，他自己又赚了两千两，这样一来，他便拥有了四千两银子；第三个仆人，则把一千两银子埋在了地下，一个子也没动，最后他仍旧是一千两银子。

过了好久，主人回来了，询问三个仆人的情况。第一个仆人汇报自己赚了五千两银子，主人说:“好，我要把许多事交给你管理，可以让你享受做主人的快乐。”第二个仆人汇报自己赚了两千两银子，主人说：“好，我要交给你管理更多重要的事，让你享受做主人的快乐。”第三个仆人汇报说：“我把您分给我的一千两银子埋在了地下，一个子儿也没少。”主人听后，勃然大怒，痛骂了这个仆人一顿，并决定要回他的那一千两银子，分给拥有一万两银子的那个仆人。

这个故事，就是“马太效应”的雏形。他说明，人往往在拥有的越多的时候，越容易拥有更多，而往往在拥有的越少的时候，越容易拥有的更少。其实，回过头来仔细想想，万事并不是一成不变的，这个世界，唯一不变的就是“变化”。那个拥有一千两银子的仆人，并不是没有赚钱的机会和可能。如果他也跟另外两位仆人一样，用自己的一千两银子去做买卖，同样可以再赚来一千两银子，让自己的银子像滚雪球一样，越滚越大。况且，主人更加在意的只是你有没有去做，而不是你做的结果。否则，他就不会同时给予前两位仆人很高的评价。只可惜，第三个仆人只是愚昧地把银子埋在了地下。因此，他连自己最初的一千两银子都失去了。

发财致富如此，与人交往何尝不是如此。在我们生活的方方面面，到处都是“马太效应”的影子。朋友多的人，往往借助频繁的交往以及庞大的交际圈子，让自己拥有更多的朋友；而那些缺少朋友的人，则会一直孤独下去。因此，我们要学会利用“马太效应”去赢得更多的朋友和友谊。

小雨，在朋友圈里是出了名的好人缘，似乎无论走到哪里，他总能够呼风唤雨，招来自己的一大帮好友，朋友一有什么事，都很喜欢找小雨救援。当然，这跟小雨的性格有很大关系，他是个天生的乐天派、开放派，无论走到哪里，只要有他在，你就不用担心出现冷场的局面。这不，这几天，他又在忙着为朋友张浩的事走动关系。

说实话，小雨虽说人缘好，但张浩这次打电话向小雨求救，并没有太大的信心，因为毕竟他们都是外地人，张浩觉得小雨即使再能耐，也不过是认识一些跟自己“同病相怜”的外地人。而他这次惹的麻烦，却是跟本地人打交道。

原来，下班的路上，他的车子不小心撞了本地的一位妇女。

说实话，那位妇女并没什么大碍，只不过仗着自己是本地人，态度比较蛮横，而且明显有讹诈之嫌。但张浩并不想把事弄大，希望尽早息事宁人，便一再退让，可那位妇女却是咄咄逼人。于是，他拨通了小雨的电话。结果，这么棘手的事，小雨几个电话竟帮他摆平了。这件事后，张浩才感觉小雨真的很不简单，更是对他刮目相看。

社交关系犹如一张网，这张网总是越织越大，但是，使网越来越大的关键，就在于你自己必须亲手去编织，网本身不会自动拉大或是缩小。如果社交中，你只是一意孤行，我行我素，到头来，你只能是孤零零的一条线，你的身边也不会出现一张硕大的关系网。每个人，想让自己的人际关系像一张网一样铺天盖地而来，首先自己要有所牺牲和让步，先让自己成为这张网中的经或纬。否则，需要朋友的时候，你只能发现自己是孤独的、无助的。

广交朋友，并不是说，让你毫无辨别地去认识和相信每一个人，朋友，不是简单地写在白纸上的两个黑字，它值得人们用一生去品味和珍惜。因此，与人交往，首先就要建立在彼此相互尊重的基础上。每个人，都是一个独立的个体，各人的喜好、习性不同，要想得到别人的尊重，就要学会尊重别人，做到待人如待己。其次，要学会赞美。喜欢听好话，这是人之常情，但是，请务必记住，这里的赞美是真诚的，而非虚伪的“拍马屁”。

培根说：“没有友情的社会，是一片繁华的沙漠！”但是，不是每个人都可以成为我们的朋友，确切地说，不是每个人都适合做我们的朋友。越是鱼龙混杂，越需要你有较高的鉴别力，那些无法称为“朋友”的“朋友”，就犹如社交网中那根最脆弱的牵线，稍有风吹草动，就会断掉。正如米尔说得那样：“当穷神悄然来临，虚伪的友情就会仓皇而逃！” 因此，为了我们友情的网更加坚牢，织网的时候，仔细地选材还是非常关键的。

增减效应：让自己成为好人缘的人

日常交际中，无论是自己熟悉的人，还是不熟悉的人，人们往往喜欢那些对自己的喜欢不断增加的人，而不喜欢那些对自己的喜欢不断减少的人。心理学家将这种在人际交往中，人们所呈现出来的心理现象称为“增减效应”。

有关心理学上的“增减效应”，心理学家曾做过一个著名的试验，他将80名大学生，分成四组，每组都有七次机会听到某一同学谈有关对他们的评价。其方式：第一组为贬抑组，即七次评价只说被试者的缺点，而不说优点；第二组为褒扬组，即七次评价只说被试者的优点，而不说缺点；第三组为先贬后褒组，即前四次评价专门说被试者的缺点，后三次评价则专门说被试者的优点；第四组为先褒后贬组，即前四次评价专门说被试者的优点，后三次评价则专门说被试者的缺点。

当四组被试大学生都听完该同学对自己的评价后，心理学家要求他们各自说出对该同学的喜欢程度。结果发现，最喜欢该同学的竟是先贬后褒组的大学生，而非褒扬组。理由是，他们普遍觉得该同学如果只是褒扬或先褒后贬均显得虚伪，而先贬后褒则显得客观、有诚意，自己更加容易接受这样的评价。下面的一个故事，更是说明“增减效应”在交际中的重要性。

战国时代，宋国有一个养猴子的老人，在院子里养了许多只猴子。日子一久，老人和猴子的感情日益加深，他们竟然能够进行简单的“对话”。起初，老人每天早晚都分别给每只猴子八颗栗子。几年之后，老人的生活条件大不如从前，日子渐渐贫困起来，而猴子的数目却在不断增加。于是，他就想把每天喂给猴子的栗子由八颗减为七颗。

这时候，他去跟猴子们商量："从今天开始，我每天早上还是照常给你们四颗栗子，而晚上给你们三颗栗子，不知道你们同不同意啊？" 猴子们一听，都以为晚上不但比早上少了一颗栗子，而且还比往常少了一颗栗子。于是，一个个开始吱吱呀呀地大叫起来，而且到处乱蹦乱跳，以此来表示自己的不满和抗议。老人见此情形，连忙改口说："那我每天早上给你们三颗栗子，晚上仍旧给你们四颗栗子，这样总该可以了吧？"猴子们一听，晚上的栗子不但比早上的多一颗，而且还跟以前一样多，就高兴地在地上翻滚起来。

同样的结果，老人只是换了一种说法，猴子就欣然答应了。从中我们可以看出，同样是给予，但给予的方式不同，给人的感觉就会大不相同。人的心理总有这样一种倾向，习惯得到，而不习惯失去。这就好比聪明的售货员给顾客称东西时，总是先适量地抓一小把，然后，再慢慢地一点一点地添加，而不是一开始就放进去很多，超出顾客想要的分量后，再大把大把地拿出。这样，顾客就会认为他服务态度不好，而且是个很抠门、斤斤计较的人。

因此，在跟朋友交往，给他提一些意见时，你一定要注意合适的方式和口吻，要让对方更习惯接受和采纳。开始时，你可以先说出对方的一些不足，然后，再恰如其分地给予赞扬。这样一来，对方会认为你非常有诚意，既非虚伪地吹捧，而且又不失客观。

李飞正在跟王广一起合作开发一个项目，但是，两个人的意见却有些分歧，而且凭着自己多年的经验和教训，他很清楚地知道，王广的策略尽管有一些可取之处，但是，仍旧有很大的漏洞，如果不及时做出调整，这次的项目开发是不可能成功的。但碍于情面，同时，王广也已经将自己的方案公布于众，因此，李飞不知如何开口，指出王广决策的不足。但是，如果他不说，项目一旦失败，他和王广不但会因此丢了工作，还会在界内给自己带来很糟的负面影响。经过权衡利弊后，他决定指出王广的不足之处。

上午一上班，李飞给自己打了打气，就走进了王广的办公室。"快进来，我正准备找你谈谈我们项目的事呢？”王广很兴奋地说道。“哦，是吗？怎么，你又有好主意？”李飞附和地问道。既然谈到了项目，李飞知道自己应该把握时机，说出其中的纰漏。于是，他大胆地说出了自己的想法，并开始分析其中的原因。李飞一边说，一边观察王广脸色的变化。他慢慢地发觉王广的脸色越来越不对劲儿了，已经明显地晴转阴了。于是，他话锋一转，开始谈论王广决策中的正确的部分，并给予他积极的肯定和极高的评价。

整个谈话的过程，李飞把大部分的篇幅放在了肯定王广的决策上，并且在谈论到正确决策的部分时，比失误的部分还要认真。这不但让王广感受到了李飞的诚意，而且感觉李飞只不过是对事不对人。后来，项目成功了，王广为李飞及时的忠告，还特意请他吃了一顿饭。

李飞之所以能够在关键时刻力挽狂澜，而且还没有伤了朋友之间的和气，就是因为他在给朋友提建议的过程中，巧妙地运用了心理学上的“增减效应”。因此，交际中巧妙地运用“增减效应”，可以使自己成为受欢迎的人。但是，由于我们交朋友，所涉及的具体因素繁多，仅仅靠褒与贬的顺序变化，并不能解决一切问题，也不会收到较好的结果，一概先贬后褒，往往弄巧成拙。因此，要根据不同的对象、内容、时机和环境，调整自己说话的内容和顺序，你才可能做个好人缘的人。

但不管怎么说，心理学上的“增减效应”仍然有其合理的心理依据，因为任何人都希望对方对自己的喜欢能“不断增加”，而不是“不断减少”。因此，交际中它仍是你与朋友间的“润滑剂”，能够让你们交往起来更加愉快、和睦！

登门槛效应：给朋友提建议也要讲究策略

心理学家认为，一下子向别人提出一个较大的要求，人们一般很难接受。如果逐步提出要求，不断缩小差距，人们就比较容易接受。这主要是由于人们在不断满足小要求的过程中已经逐渐适应，意识不到逐渐提高的要求已经大大偏离了自己的初衷。这种效应，在心理学中，就被称为“登门槛效应”。

美国心理学家，曾做过一个实验。那就是派人随机访问一组家庭主妇，采访者要求将一个小招牌挂在她们家的窗户上，这些家庭主妇愉快地答应了。一段时间过后，造访者再次访问这组家庭主妇，要求将一个不仅比上次大而且还不太美观的招牌放在她们的庭院里，结果有超过半数的家庭主妇同意了。与此同时，又派人随机访问另一组家庭主妇，直接提出将不仅大而且不太美观的招牌放在她们的庭院里，结果只有不足20%的家庭主妇同意。

不言而喻，两种调查的结果出现这么大的差距，就是因为前者聪明地运用了心理学上的“登门槛效应”。这主要是因为，人们的潜意识里总希望自己给人留下首尾一致的印象。因此，在前一组的主妇接受了造访者小的要求后，更容易接受一个更大的要求。“登门槛效应”在生活中随处都可以得到印证，带给我们诸多的启示。

有个小和尚跟师父学武艺，可是，让他感到奇怪的是，起初的时候，师父什么也不教他，只交给他一群小猪，让他放养。庙前有一条小河，小和尚每天早上都要抱着一头头小猪跳过河，到傍晚的时候，他还要把小猪一头头地再抱回去。后来，小和尚在不知不觉中练就了卓越的臂力和轻功。原来，小猪一天天在长大，而由于小和尚天天都要抱小猪，并没有感觉到这种轻微的变化，以至于小和尚的臂力也因此在不断地增长。直至自己练就了非凡的功夫，他才恍然大悟，明白了师父的用意。

这个故事，就是“登门槛效应”在生活中很好的应用。心理学家认为，通常情况下，相对于较高较难的要求，人们往往更容易接受那些较低较易的要求，在实现了较小的要求后，才慢慢地接受较高的要求，这就是“登门槛效应”对人的影响。明代洪自成在《菜根谭》中说：“攻之恶勿太严，要思其堪受；教人之善勿太高，当使人可从。”同样是对“登门槛效应”的精辟论述。

丽娜跟瑞雪是一对情投意合的好朋友，平时无论做什么事，都喜欢拉上对方。可最近，瑞雪的心情糟糕到了极点，因为她刚刚跟自己的男友分手。这样一来，丽娜也跟着倒霉，为了使瑞雪开心，她自作主张地带她去蹦迪、逛街、打电玩……可令丽娜苦恼的是，每次都惹得瑞雪触景生情，心情更糟。这样一来，搞得她自己也很烦。

在屡战屡败后，丽娜决定尝试新招。据说游乐园是发泄内心情感的好去处，可是，丽娜在心中打定主意后，再看看无精打采的瑞雪，便不敢贸然提出自己的建议了。于是，她便试探着问道:“你坐过摩天轮吗？”“没有啊。”瑞雪惊奇地看着丽娜回答道。“那我们去感受一下怎么样？”“好啊！”就这样，她们乘车去了最近的一家游乐场。进入游乐场后，丽娜也总是小心行事，每次都是先提出一点小小的要求，看到瑞雪的眸子里闪出亮光，确定她喜欢后，再大胆地提议。

说来奇怪，那次“冒险记”好像很起作用，从那以后，瑞雪的情绪大有好转。她提及前男友的次数越来越少。后来，丽娜在心中总是想：“要知道这样，我早就带她去了，以前，何必做那些无用功呢！”

其实，就连丽娜都没搞清楚，为什么都是提议，前几次却总是惹得瑞雪更加伤怀，而后几次却能大功告成呢？而事实上，丽娜正是运用了心理学中的“登门槛效应”。因此，任何事，切忌一步到位，正如上楼梯一样，慢慢来，一步一个台阶，反而更容易上到顶楼。不是经常有人说：“欲速则不达”吗？因此，给朋友提建议时，即使是善意的，也要掌握策略，先提一个小小的建议，等对方欣然答应后，你不妨再提出下一个建议，这时候，你的建议被接受的概率就会增加很多倍。

冷庙烧香法则：关系都是“走”出来的

在人际关系中，当对方穷困潦倒或有困难的时候，能适时地拉对方一把，会让对方从心底感激你，对你另眼相看。等对方飞黄腾达的时候，就会想起你的好处。这种做法，在心理学上被称之为“冷庙烧香法则”。

同样一炷香，是烧到冷庙里？还是烧到热庙里呢？绝大部分人肯定会选择后者。实际上，有时候找些平常没人去的“冷庙”烧烧香，事后说不定会有意想不到的效果。试想一下，热闹的庙里因为烧香人太多，神仙的注意力分散，我们去烧香，也不过是众香客之一，显示不出我们的诚意，神对我们也不会有特别的好感。所以一旦有事求他，他对我们只会以众人相待，不会特别照顾。相反，冷庙里的情况就不一样了，平时冷庙门庭冷落，无人礼敬，如果我们这时候能很虔诚地去烧香，神对我们当然会特别在意。这样看来，同样是烧一炷香，冷庙的神却认为这是天大的人情，日后有事去求他，他自然会特别照应。如果有一天风水转变，冷庙成了热庙，神对我们还会特别看待，不会把我们当成趋炎附势之辈。

在现实生活中，很多人总喜欢结交那些炙手可热的人物，对于那些穷困潦倒没权没势之人看都不想多看一眼。其实，这是一种非常错误的做法。正如我们上面所讲的一样，有时候到冷庙里去烧香，常常会有意想不到的效果。同样的道理，如果我们能在适当的时候给予那些穷困潦倒或没权没势的人一些必要的帮助和支持，那么等对方发达的时候，他肯定不会忘记我们的好处。

胡雪岩本是浙江杭州的小商人，他不但善经营，也会做人，精通人情世故，懂得“惠出实及”的道理，常给周围的人一些小恩惠。小打小闹可不能使他满足，他一心想成就大事业。他想，在中国，一贯重农抑商，单靠纯粹经商是不太可能出人头地的。后来，他想到：大商人吕不韦另辟蹊径，从商改为从政，因而名利双收……想到这里，他也想走这条路。

当时，杭州有一小官叫王有龄，他一心想往上爬，又苦于没有钱做敲门砖。胡雪岩与他也稍有往来。随着交往加深，两人发现他们有共同的目的。

王有龄对胡雪岩说：“雪岩兄，我并非无门路，只是手头无钱，十谒朱门九不开。”

胡雪岩说：“我愿倾家荡产，助你一臂之力。”王有龄说：“我富贵了，绝对不会忘记胡兄。”

于是，胡雪岩变卖了家产，筹集了几千两银子，送给王有龄。

王有龄去京师求官后，胡雪岩仍旧操其旧业，对别人的讥笑并不放在心上。

几年后，王有龄身着巡抚的官服登门拜访胡雪岩，问胡雪岩有何要求。

胡雪岩说：“祝贺你福星高照，我并无困难。”

王有龄是个讲情义的人，他利用职务之便，命令军需官到胡雪岩的店中购物。这样，胡雪岩的生意越来越好、越做越大，他与王有龄的关系也更加密切了。

胡雪岩在朋友王有龄落魄之时，仍然甘冒倾家荡产之危险去帮助他，最终表明，他对王有龄的帮助也帮助了自己：王有龄发达之后，给了胡雪岩很好的“回报”。这就是“冷庙烧香”的神奇之处。

俗话说：“雪中送炭君子少，锦上添花小人多”，能够在别人遇到困难的时候帮上一把，别人终生都会记得你，以后发达的时候，也首先会想起你。人们不可能永远一帆风顺，挫折是难免的。人们落难正是对周围的人，特别是对朋友的考验。远离他而去的人可能从此成为路人，同情、帮助他渡过难关的人，他可能会铭记一辈子。所谓莫逆之交、患难朋友，往往就是在困难时期产生的，这时形成的友谊是最有价值、最令人珍视的。

因此，想要保持高涨的人气，那些炙手可热的大红人固然值得相交，但是同样也不能忽视那些势落之人，正所谓：“热庙里的菩萨不能怠慢，冷庙里的神仙也不能小瞧。”

第12章

社交中化敌为友的法则
——和“敌人”搞好关系的心理策略

既然是竞争，就会有淘汰。有些人，被淘汰在离成功一步之遥的地方；有些人，却很漂亮地踢出最后的临门一脚。究其原因，你会发现，他们差的不是能力，不是勇气，而是人际关系中的心理学策略。因此，激烈的竞争中，你一定要掌握一些必要的心理学策略，让自己成为最后的胜利者！

出丑效应：故意暴露自己的缺点

“出丑效应”，也有人称它为“跛足效应”，正所谓“金无足赤，人无完人”，对于那些取得过突出成就的人来说，让自己在人前的完美形象中，掺入一些小缺憾，更能消除别人的忌妒心理从而赢得别人的欢迎。

出丑效应，到底是出于什么原理呢？首先，人们乐于接受和自己更加接近的人。因为人人都会有缺点，如果你表现得太过完美，会让别人觉得高不可攀甚至产生忌妒心理，从而疏远和你的距离。其次，你缺点的暴露更能让人对你产生信任感，因为完美的人并不存在，暴露的缺点会让人们觉得你的表现是真实的，不是刻意伪装出来的。

一位著名的心理学教授曾做过这样一个试验，他给测试对象播放了四段情节类似的访谈录像：

第一段录像里，接受访谈的是一位非常优秀的成功人士，他有着卓越的成就，态度温和，谈吐不俗，表现得非常有自信。他妙语连珠，赢得了台下观众一阵阵的掌声。

第二段录像中，同样也是一位非常优秀的成功人士，但由于他在采访过程中表现得有些紧张，当主持人向观众介绍他所取得的成就时，他竟不小心把桌上的咖啡杯碰倒了，咖啡还洒在了主持人的衣服上。

第三段录像中，接受访问的是个普通人，他没有骄人的成绩，所以整个采访过程显得十分平淡，虽然他不太紧张，说话也相当严谨，但却没什么吸引人的发言，一点也不出彩。

第四段录像中，接受访问的也是个很普通的人，在采访的过程中，他表现得非常紧张，和第二段录像中一样，他也把身边的咖啡杯弄倒了。

心理学教授放完这四段录像后，让测试者们从上面的这四个人中选出一位他们最喜欢的和一位他们最不喜欢的。结果显示，最不受欢迎的是第四段录像中的那位先生，但奇怪的是，测试者们最喜欢的并不是第一段录像中的那位表现得没有一点缺憾的成功人士，而95%的测试者都选择了第二段录像中打翻了咖啡杯的那位成功人士。

一些微小的失误不仅不会影响人们对优秀人士的印象，相反还会让人们从心里感觉到他很真诚，值得信任，从而赢得更多的好感。如果一个人表现得完美无缺，让人们看不到他的任何缺点，反而会让人觉得不够真实，恰恰会降低他在别人心目中的信任度。

适当让自己出些丑，告诉别人你的不足，能使人感到你是一个可以信赖、可以亲近的人，这样就会让自己赢得更多的信任。

孟凡和李林同为公司的销售副经理，两人表面上关系融洽，但却暗中较劲，因为双方都想在公司获得晋升的机会，得到更好的发展。后来因为公司的销售总经理身体出现问题，难以胜任总经理一职，公司决定从孟凡和李林两人中挑选一位担任总经理。但令领导为难的是，不知该把这个职位留给谁。因为他们两人业绩不相上下，工作能力都很强，而且平时表现得都很完美，几乎连一个生活陋习都没有。

孟凡和李林都明白自己是提升的候选人，自此李林开始更加卖命地工作，不允许自己有任何一点失误，而孟凡除了一如既往地良好表现外，还做了一些小小的准备。

竞选演讲开始了，李林的演讲十分精彩，用词准确，激情四射，还提出了一些相当不错的想法。但一贯以讲话声音洪亮而著称的孟凡，却在开场白时突然声音嘶哑，在场的人面面相觑。在孟凡喝了一小口水，润了润嗓子后，又恢复了以往的洪亮声音，他借机调侃了自己一番，然后才开始了风趣幽默的演讲。

最后的结果是，孟凡获得了大家的一致好评，顺利晋升为总经理。

适当让自己出丑，不仅会赢得他人更多的好感，还能在暗中获得竞争的胜利。每个人都有缺点，完美无缺的人是不存在的。可见，出丑效应既是人际交往的常用法则，也是富有智慧的竞争之道。

所以，不要总以一个“完人形象”出现在别人面前，适当地暴露自己的缺点，暗示对方你也有不足之处，主动出些丑，能更好地博得别人的信任，从而在复杂的竞争环境中脱颖而出。

霍桑效应：用沉默化解对方的敌意

当对方对我们产生敌意的时候，我们该如何化解对方的敌意？当对方故意挑衅我们的时候，我们又该如何应对？“霍桑效应”告诉我们，沉默是应对挑衅和化解敌意的最有效方式。等我们能够真正以沉默的姿态来面对对方的敌意和挑衅时，对方的敌意和挑衅就会在我们的沉默中慢慢化解。

“霍桑效应”起源于1924～1933年的一系列实验研究。“霍桑”一词源于用于实验的工厂，它是美国西部电气公司坐落在芝加哥的一家工厂的名称。实验最开始研究的是工作条件与生产效率之间的关系，包括外部环境影响条件（如照明强度、湿度）与生产效率之间的关系以及心理影响因素（如休息间隔、团队压力、工作时间、管理者的领导力）与生产效率之间的关系。

具体的试验情况如下：

坐落在美国芝加哥市郊外的霍桑工厂制造电话交换机，具有较完善的娱乐设施、医疗制度和养老金制度等，但工人们仍愤愤不平，生产状况也很不理想。

为探求原因，1924年11月，美国国家研究委员会组织了一个由心理学家等多方面专家构成的研究小组，在该工厂开展了一系列的试验研究。这一系列试验研究的中心课题是生产效率与工作物质条件之间的相互关系。这一系列试验研究中有个“谈话试验”，即用两年多的时间，专家们找工人个别谈话两万余人次。实验还规定，在谈话过程中，专家们要耐心倾听工人对厂方的各种意见和不满，并要做详细记录；同时对工人的不满意见不准有任何反驳和训斥。

这一“谈话试验”收到了意想不到的结果：两年之后，霍桑工厂的产量有了大幅度的提高。

为什么会产生这样的结果？心理学家们认为，这是由于工人长期以来对工厂的各种管理制度和方法有诸多不满，无处发泄，而“谈话试验”恰恰为工人们内心的不满提供了一个发泄渠道，把内心的不满发泄出来后的工人们感到心情舒畅，干劲倍增，产量自然会有大幅度提高。后来，社会心理学家将这种奇妙的现象称为“霍桑效应”。

这个实验同时也告诉我们，很多时候，人们的敌对情绪和攻击情绪实质上并不会有太大的危险性，并不是真的对现实情况感到不满，而是一些心理情绪的外部表现而已，等这些情绪真正发泄出来以后，对方的敌对情绪就会自动消失。

在人际交往的过程中，我们可以很好地利用“霍桑效应”，用沉默和倾听去化解交际对手对我们的敌意和挑衅。

晓梅最近在工作上，遇到了一些麻烦，她的一位客户要求退货，按道理来说，客户要求退货，这是工作中再正常不过的事情。可是，公司有规定，如果退货的话，客户必须自己承担运费。可那位顾客，却硬说货物的尺码不合适，公司有责任承担运费，为此，晓梅已经苦口婆心地跟对方解释了很多次。可是，最后对方仍然没有谦让的意思。

事情就这么一连僵持了好几天，晓梅为此更是焦头烂额，不知如何是好，以至于对待其他顾客的态度也不是很友好。老板把这一幕看到了眼里，他把晓梅叫到了办公室。其他的同事，都为晓梅捏了一把冷汗，要知道“顾客就是上帝！”老板肯定是要臭骂晓梅一顿的。

晓梅本来就窝了一肚子气，现在被老板叫去“训话”，顿时更是火冒三丈。于是，一进办公室，不容老板开口，她就在那里喋喋不休起来。可在此期间，老板不但没有发火，而且一句话也没说，只是保持沉默。等晓梅发泄完，老板才很平静地说了一句：“现在，是不是感觉心情好些了？既然心情好了，那就回去工作吧！”

晓梅在老板的办公室发泄了一通，果真觉得自己的心情有所好转，接下来，问题很快就被解决了。

在现实生活中，我们几乎每天都会遭遇交际麻烦；我们的交际活动进行得越频繁，我们遭遇到的交际麻烦就越多。其中，大多数交际麻烦造成的后果就是交际对象会对我们产生这样或那样的敌意，甚至是严重的挑衅行为。这时候我们该怎么办呢？如果我们真的能深刻地理解“霍桑效应”所带给我们的启示，就应该学会以沉默来应对对方对我们的任何敌意和挑衅，就能学会用诚意来聆听对方的倾诉。如果我们能够做到这一点，就会惊奇地发现：如果我们自始至终都能以沉默的姿态来面对对方的敌意，用真诚的心来聆听对方的倾诉的话，等对方的心理纠结通过这些渠道发泄出来以后，他们对我们的敌意就会消失得无影无踪，摩擦之后仍然能很好地进行交际，仍然能保持良好的关系。

当然，机智的沉默并不是让你有系统地、有条有理地拒绝说话，而是你认识到有些时候，不发表自己的意见、看法、建议或任何评论会更加重要。把沉默推向一种高层面的理解，这是一种“给予的沉默”，它给对方认识自己留下了空间，是对对方一种真正关心的沉默。这种沉默不仅仅是以语言的空缺为特征，相反，它是一种耐心的等待——就在那儿，同时维持着一种期望的、开放的和信任的气氛。

因此，请相信“沉默是金”吧！一个懂得沉默价值的人，肯定有一双善于倾听的耳朵，正像纪伯伦所说：“听见了寂静的唱诗班唱着世纪的歌，吟咏着空间的诗，解释着永恒的秘密。”懂得用沉默去应对一切的人，在任何时候都能独善其身，也更能赢得人们的尊敬。

牢骚效应：让对方说出自己的不满和意见

每个人都会在心里产生一些坏情绪，这些坏情绪必须找一个渠道发泄出来才能了事。发牢骚就是一种发泄情绪的方式。当通过牢骚的形式把坏情绪发泄出来的时候，人心里的坏情绪就会消失得无影无踪，因为满腹牢骚而表现出来的敌意和挑衅行为也会因此而消失。这就是所谓的“牢骚效应”。

“牢骚效应”跟心理学上的“霍桑效应”有很多相似之处，但是“牢骚效应”离我们更近，更贴近我们的生活，给我们的启示也更加深刻。“牢骚效应”在现实生活中有很多应用，例如在日本，很多企业都非常注重为员工提供发泄自己情绪的渠道。松下公司就是如此。

在松下，所有分厂里都设有吸烟室，里面摆放着一个极像松下幸之助本人的人体模型，工人可以在这里用竹竿随意抽打“他”，以发泄自己心中的不满。等他打够了，停手了，喇叭里会自动响起松下幸之助的声音，这是他本人给工人写的诗：“这不是幻觉，我们生活工作在一起，心心相通，手挽着手，我们可以一起去求得幸福。干事情可以有分歧，但记住，只有一个目标：即兴旺、和睦。从今天起，这绝不再是幻觉！”

当然，这还不够，松下说：“厂主自己还得努力工作，要使每个工人感觉到：我们的厂主工作真辛苦，我们理应帮助他！”

正是通过这种方式，松下的员工自始至终都能保持高度的工作热情。

再例如：在美国的有些企业，有一种叫做“发泄日”的制度设定。就是在每个月专门划出一天给员工发泄不满。在这天，员工可以对公司同事和上级直抒胸臆，开玩笑、顶撞都是允许的，领导不许就此迁怒于人。这种形式使下属平时积郁的不满情绪都能得到宣泄，从而大大缓解了他们的工作压力，提高了工作效率。

其实，不单单是在企业管理的过程中应该好好利用“牢骚效应”，在人际交往的过程中，对于每一个人来讲，也都应该记住并不失时机运用一下“牢骚效应”。

我们在处理人际关系的过程中，经常会遇见一些喜欢发牢骚的人。例如，我们处理某些事情，处理得稍微不到位，稍微触碰了某些人的利益，就会引发对方的敌意，甚至会引起对方的挑衅行为。一般来讲，对方的敌意和挑衅都会通过牢骚的语言表现出来。这时候我们应该怎么办呢？最好的方法就是想方设法让对方把心里的不满和意见说出来。也就是说，当有人向我们发牢骚的时候，我们不仅不要埋怨对方，还应该鼓励对方多发点牢骚，一直到双方把心里的意见和不满发泄完为止。

当然，值得注意的是，牢骚，有别于意见和建议，尖锐刺耳，听起来让人感到不舒服；从另一个角度来讲，牢骚是真情实感的一种流露，里面往往有真言、有实话、有可供我们参考的意见，甚至有解决问题的良方。我们来看这样一个故事：

冯小天是某农业技术研究所的一名销售人员。有一次，所里研究出了一种新型的玉米种子。作为所里的销售骨干，冯小天被任命为销售总监。然而在销售过程中他却遇到了很多难题。

一次，冯小天到河北省某地推广自己的新种子，本来是信心满满去的，然而到了当地以后却被泼了无数次的冷水。冯小天一直在那个地方待了一个月，就是没有一个老乡愿意买他一粒种子。很多老乡甚至非常反感冯小天的上门推销活动，常常给冯小天白眼看。这一度让冯小天非常绝望。

这一天，冯小天决定背水一战，如果还是没有收获，他就决定离开这里到别的地方去碰碰运气。但是面对他的推销，老乡们仍然是一片抱怨声，牢骚四起：“什么能让我们脱贫致富？都是骗人的。前几年给我们推销花生种子，我们种了你们的花生种子，的确收成不错，但是没有人来收花生，都烂在了地里，有什么用？你再来推销，再进我家门，我就打110报警了。”

这样的牢骚，冯小天已经听过好多次了。面对老乡们的这种牢骚，冯小天开始很反感。然而今天冯小天却突然间有了一种豁然开朗的感觉。冯小天想，老乡们说得也有道理。突然间，他脑子里闪过一个念头：老乡们并不是觉得种子不好，而是因为怕种出来的粮食卖不出去，如果和老乡们提前签订收购合同不就可以让他们放心购买种子了吗？这个念头果然让冯小天“起死回生”。

冯小天随后找到了很多家粮食加工厂家，先说服两家收购厂家和老乡们签订了粮食收购合同，之后老乡们就纷纷来买冯小天的新种子了。他的种子也就很快卖完了。

其实，我们在交际过程中遇到的很多牢骚虽然听起来很不舒服，但其中蕴涵着发牢骚之人的真情实感，甚至有可以让我们参考的有价值的东西。如果我们能抓住这些有价值的东西，就会解决很多交际中遇到的困难。

因此，在人际交往的过程中，在面对对方的牢骚，甚至是挑衅行为时，我们最好不要急于正面攻击和主动对抗，而是要让对方把心里的不满和意见都统统通过发牢骚的形式发泄出来，等对方发泄完了，对方对我们的敌意和挑衅也许就消失了。当然，如果我们能够认真地倾听对方的牢骚，并能从中找到解决矛盾的方法和策略就更好了。

平衡法则：消除对方的忌妒心理

忌妒就像是一个恶魔，它能在摧毁忌妒者本身的同时置被忌妒者于死地。也就是说，忌妒一产生，如果不及时消除，只能迎来一个两败俱伤的结果。我们消除了自身的忌妒，就能使我们踏上事业成功的快车道。但与此同时，我们还要善于和有忌妒心的人和睦相处。

培根说过：“在人类的各种情欲中，有两种最为惑人心智，这就是爱情与忌妒。这两种感情都能激发出强烈的欲望，创造出虚幻的意象，并且足以蛊惑人的心灵——如果真有蛊惑这种事的话。”所以，我们知道在《圣经》中把“忌妒”叫做一种“凶眼”，而占星术士则把它称作一颗“灾星”。这就是说，忌妒能把凶险和灾难投射到它的眼光所注目的地方。不仅如此，还有人认为，忌妒伤人最狠之时，正是那被忌妒之人最为春风得意之时。这一方面，是由于这种情况促使忌妒之心更加锐利；另一方面，是由于在这种情况下，被忌妒者最容易受到打击。

可见，忌妒就像是一个恶魔，它能在摧毁忌妒者本身的同时置被忌妒者于死地。也就是说，忌妒一产生，如果不及时消除，只能迎来一个两败俱伤的结果。这也就提醒我们，要想远离忌妒，我们不仅要做到不去忌妒别人，还要学会化解别人对我们的忌妒。然而在现实生活中，很多人却不能做到这一点，即使能把握好自己，不让自己去忌妒别人，但是如何去化解别人对自己的忌妒呢？很多人为此烦恼不已。

李想毕业后在一个国资企业的客户服务部找到了一份不错的工作。部门里一共有七个员工，李想是最晚进这个部门的。

一直以来，办公室里的员工相处得还不错。可最近李想发现，有些同事渐渐对他疏远了。比如，平时办公室里的人一起说话，一看到他来了就不说了；每天上下班，李想向他们微笑打招呼，他们总装着没看见。

为此，李想很是奇怪，多方了解下来，才知道前一段时间公司在调整薪资的时候，他虽然进部门最晚，但却是部门中加薪最多的。正是因为这个小原因，李想被部门里有些同事忌妒，因而被他们疏远孤立起来。

知道真相之后，李想更加烦恼了，自己该如何去解决这种问题和矛盾呢？

在社交场上，在人际交往中，消除了自身的忌妒，才可能使我们踏上事业成功的快车道。但与此同时，我们还要善于和有忌妒心的人和睦相处。那么如何与好忌妒之人交往？如何化解对方心里对我们的忌妒之心呢？让我们来看看妙妙的例子。

妙妙毕业于国内一所数一数二的名牌大学。大学毕业的时候，她几乎没花费什么力气就进入了一家全国知名的企业。在进入公司后，因为业绩突出，仅仅用了一年时间，她就受到了领导的重视，被提拔为经理秘书。

自从成为经理秘书后，她发现很多同事都和自己疏远了，即使自己主动和他们打招呼，对方也是爱答不理。有一次，她来公司较早，刚刚进门的时候，竟然听到两名女同事在说自己的坏话。其中一位说：“妙妙整天就会跟在经理后面拍马屁，所以经理不管她干得好不好，都提拔她。”另一个人说：“你看妙妙长得跟小妖精似的，说不定她和经理还有一腿呢，要不然经理怎么那样偏袒她呢？这次公司提拔经理秘书，本来应该是从我们两个人中选一个，没想到让那小妖精占了先，真是气死人了。”听了这些话后，妙妙简直快被气死了，她真想冲进去和对方大吵一架，但最后还是忍住了。

妙妙明白，这些人之所以诋毁自己，是因为自己比她们强，是她们的忌妒心在作祟。所以，要想和这些人和睦相处，就要消除她们的忌妒心。但是怎样才能消除她们的忌妒心呢？妙妙想了想，最终想出了一个办法，那就是让对方在心理上感到满足，从而不再忌妒自己。

于是，在接下来的日子里，妙妙经常向那些人请教问题，并且放低自己的姿态，经常赞美对方。那些人在心理上慢慢得到了满足，便不再忌妒妙妙，和她重归于好了。

一个人为什么会产生忌妒心呢？这是因为看到别人比自己强，心里受不了。所以，当一个人忌妒你的时候，你就要学会放低姿态，多恭维、赞美对方，让他在心理上感到满足。这样，对方就不会再忌妒我们了。

热炉效应：千万别触碰对方的底线

热炉效应是指，热炉火红，不用手去摸也知道炉子是热的，是会灼伤人的，一旦不小心，触碰到了热炉，就会被灼伤。因此，我们一定要时刻提醒自己，千万不要让自己去触碰，否则，就会受到烧伤的惩罚。

热炉效应，是在提醒我们，每个人都有自己的底线——心理底线。在人际交往的过程中，不管遇到什么事情，人们都应该坚守一个原则：绝不触碰对方的底线，否则只会激怒对方，从而激起对方对我们的仇恨，迫使对方用“非常手段”来“回报”我们。也就是说，不管和什么样的人打交道，我们都要尽量远离对方的底线。

我们都知道，不管什么样的人，都有自己的世界观、人生观和价值观，也都有自己的人生经验和生活隐私，因此在人际交往中，每个人都不希望那些关乎自己尊严和身份的东西受到任何一丁点儿的威胁。这些关乎每个人尊严和身份的东西就是每个人在人际交往中为自己把守的心理底线，一旦这个心理底线被外人在不知深浅的情况下触碰，那么一定会被还以“颜色”。

套用“热炉规则”的道理，我们每个人心里的那一道心理底线就好像是“热炉规则”中的那一炉灼热的炭火。谁要是敢冒大不韪去触碰对方的心理底线，就好比是用一双手在“火中取栗”，无疑会惹火上身，最终受到“烫”的惩罚。

小李和小赵同在一个广告公司的策划部门工作。两个人个性都非常强，他俩的业务能力在公司也是最强的，可能正是这些原因，两个人互相看不上对方，都觉得自己是最强的。

俗话说得好：“一山不容二虎”，小李和小赵在公司的情况正好应了这句话，他俩在业务上总是存在很多冲突，不管明面上还是暗地里，两个人的竞争都非常激烈。

这天，两个人又在会议室内因为一个文案的策划思路争吵起来了。

小李说：“我这个思路肯定是最合适的，不管从哪个角度来讲，都非常合适。”

小赵说：“你的合适？你的意思是说我的就不合适了吗？我看你那个思路已经过时了，已经被很多产品用过了。”

小李一听，有点着急了：“你什么意思？你是说我抄袭吗？你算老几？你有什么资格这么评价我的文案？”小李这么说完后，还嘟哝了一句：“三寸钉！”你说什么？你再说一句！”小赵一听，一下子扑了上来，和小李扭打在了一起。

“三寸钉”是什么意思？为什么小赵一听这个词会那么生气？竟然不顾颜面与同事在公司会议室扭打起来！

原来小赵天生是个矮个子，身为一个大男人，小赵的身高还不足一米六，这让小赵非常自卑。小赵也早已听说，公司有同事在暗地里给自己起了个绰号——“三寸钉”。小赵听说后非常生气，但是同事们还是非常给小赵面子的，从没有人在他面前提起过，小赵也是半信半疑。今天，当着这么多同事的面，小李竟然公然用这样的绰号挑衅自己，小赵当然非常生气，因此也顾不得面子了，就和小李在公司扭打了起来。

其实，发生这样的事情，对小李和小赵，都不是一件好事。小李逞一时口舌之快，不惜用“人前揭短”的方式来羞辱小赵，触碰了小赵的心理底线，引发了一场大的人际矛盾。两个人在公司同事面前扭打，肯定是都失了面子，说不定还会引起公司高层的反感，这又何必呢？

在人际交往的过程中，每个人的心里都有一个底线，这个底线是他最后的一道心理防线，谁要是都敢触碰这条底线，必定会惹火上身，肯定是自讨苦吃。俗话说：“打人不打脸，揭人不揭短”，说的正是这个道理。

当然，人际交往中的摩擦是难免的，在摩擦中，应当就事论事，才能保持双方的理智，集中精力解决问题。假如搞人身攻击，不仅解决不了问题，还会引起激烈的冲突，甚至导致双方丧失理智，做出蠢事来。

这也就在提醒我们，在社交场合，要想与他人友好相处，就要尽量体谅他人，给别人留点回旋的余地，维护他人的自尊，即使唇枪舌剑，也要顾及他人的面子；即使苦大仇深，也要与对方保持一定的距离，远离对方的心理底线。

第13章

迅速提升人际关系的搭桥法则
——和陌生人搞好关系的心理策略

考验一个人的社交能力，其中最重要的一点，就是看他对待陌生人的态度。不要小看生活中的陌生人，他们既可以给你带来福音，也可以给你设立障碍。如果实现两者之间的转化，关键就在于你能否在较短的时间内，读懂对方的内心世界，然后，投其所好，打开对方的心扉！

首因效应：你的第一印象很重要

首因效应，是指当人们第一次与某物或某人接触时会留下深刻的印象。第一印象作用最强，持续的时间也长，比以后得到的信息对于事物整个印象产生的作用更强。我们在结识陌生人的时候，一定要注意在第一次见面时就要给对方留下一个好印象。这对于接下来的继续“深交”都是有好处的。

心理学研究发现，与一个人初次会面，45秒钟内就能产生第一印象，而最初的0.25～4秒给对方留下的印象是最深刻的，不要小看这短短的4秒钟，别人对你这个人75%的判断和评价都由此而来。所以，别人第一印象中的你不管是不是真实的，以后你留给别人的这种印象都很难改变。

许菲是某工科名校毕业生，她毕业找工作时，由于专业对口、成绩优秀，其简历从厚厚的应聘材料中脱颖而出，被列入预选名单。一周后，公司通知她面试。但她面试时，穿着过于新潮、鲜艳的短上衣，一条破旧的低腰牛仔裤，还戴着一副夸张的热带风情大耳环，一进门就让高级工程师考官们一愣。考官们随便问了几个问题就草草结束了面试，结果许菲被淘汰出局。

事后有一考官表示，其实许菲那天回答的几个问题都还是很不错的，就是因为刚一进门让人一下子难以接受，理工类专业要求“踏实、耐得住寂寞”，而许菲的穿着却给招聘考官留下了“华而不实、喜欢张扬”的第一印象，考官也没心思听她回答的是什么，所以她的出局是必然的。

可见，第一印象能够在对方的头脑中形成并占据着主导地位，面试中首因效应的作用更是不可小觑。一般情况下，一个人的体态、姿势、谈吐、衣着打扮等都在一定程度上反映出这个人的内在素养和其他个性特征。虽然考官的“印象”标准不一样，但还是有一些共同的评判标准，那就是：着装简洁大方，精神饱满，信心十足，谈吐有逻辑，风趣幽默，举止得体。

而首因效应说的就是第一印象的重要性。第一印象在与陌生人的交往之中，地位尤其重要。因此，一定不能忽视首因效应，一定要想方设法在与别人第一次见面的时候就给对方留下一个良好的第一印象。具体来讲，我们可以从以下几个方面做起：

首先，要穿着得体。人靠衣裳马靠鞍，这是非常有道理的。首次见面，别人没有办法去了解你的内在美，而你体现在着装上的个性却能让人一目了然。如果你穿着得体，就会给别人留下一个好印象。注意自己的穿着，不一定要穿上最流行、最时髦的衣服，只要穿着整洁，适合你的性格和体型就可以了。人人都喜欢衣着干净整齐、落落大方的人。

其次，要注意言谈举止。言辞幽默，侃侃而谈，不卑不亢，定会给人留下难以忘怀的印象。没有人会喜欢一个言谈粗俗的人。所以，在与陌生人交往的过程中，尤其是第一次见面的时候，我们一定要注意自己的言谈举止。

再次，让自己风度翩翩。风度是一个人气质和性格的自然流露。风度的好坏不仅可以看出一个人的素质修养，而且也可以看出一个人的美丑。人的言谈举止、待人接物都应当表现出文明的美的风度。

最后，要提高自己的修养。要想给别人留下好的第一印象不只是要“临时抱佛脚”，还需要稳扎稳打地在平时提高自己的修养。提高修养是一个根本的工作，它决定了你在别人眼中的第一印象如何。衣着是可以变化的，但修养不是靠一日之功得来的。一个有修养的人，在和别人第一次接触的时候，一定会表现得大方得体，让人感觉非常舒服。相反，没有修养的人会让人感觉十分别扭。你的着装得体与否，你的举止是否优雅，都和修养有着直接的关系。总之，首因效应在人们的交往中起着非常重要的作用，尤其是在与陌生人交往的时候，一定要试着给对方留下一个良好的第一印象。

皮格马利翁效应：别吝啬你的赞美之词

陌生人见面，本身就很容易形成一种距离感，如果你还一味地保持沉默和矜持，想必这种距离更是不易打破。如果这时，你能根据自己的第一印象，对别人加以真诚的赞美，你们之间的距离就会被大大地缩短。

皮格马利翁效应，是由美国著名心理学家罗森塔尔和雅各布森在小学教学中予以验证提出的，也被译作“毕马龙效应”、“比马龙效应”，有人称之为“罗森塔尔效应”或“期待效应”。这一心理效应暗示人们，在本质上，人的情感和观念，会不同程度地受到别人下意识的影响，人们更是会不自觉地接受自己喜欢、钦佩、信任和崇拜的人的影响和暗示。

“皮格马利翁效应”给我们一个重要的提示，赞美、信任和期待具有一种能量，它能改变人的行为，当一个人获得其他人的信任、赞美时，他便感觉获得了社会的广泛支持，从而增强了自我价值，也就变得更加自信、自尊，获得一种积极向上的动力，并尽力达到对方的期待，以避免对方失望，从而维持这种社会支持的连续性。

一位小女孩，从小对音乐情有独钟，但由于自己长得又矮又胖而被老师排除在合唱团之外。小女孩躲在公园里面伤心地哭泣。“为什么我不能参加合唱团，难道我真的唱得那么难听吗？”小女孩伤心地想。

想着，想着，她便开始低声唱起来，她唱了一支又一支歌，直到唱累为止。“唱得真好听！”这时一个赞美的声音从不远处传来。原来，在不远处的长椅上，坐着一位慈祥的老爷爷。

“谢谢你，小姑娘，你让我度过了一个愉快的下午。”老爷爷说完后，便站起来独自走开了。

那位白发苍苍的老爷爷的一句真诚的赞美，激励着小女孩一直勇敢地唱下去。许多年过去了，小女孩变成了大女孩，而且美丽窈窕，楚楚动人，并且成为众星捧月的明星。但是，她永远忘不了公园长椅上的那位老爷爷。

一个冬天的下午，女孩特意到公园去找老爷爷。但是，她失望了，那里只有一张长长的孤独的靠椅。

“赞美和鼓励，能使白痴变天才；批评和讽刺，能使天才成白痴。”这就是赞美的力量，真诚的赞美，不仅是一个人气度的展现，更是交际这辆车车轮的润滑剂。因此，与人交往，你一定要学会真诚地赞美别人。两个陌生人见面，本身就很容易形成一种距离感，如果你还一味地保持沉默和矜持，想必这种距离更是不易打破。如果这时，你能根据自己的第一印象，对别人加以真诚的赞美，你们之间的距离就会被大大地缩短。接下来的交往，想必也会更加顺风顺水。

法国大革命时期，雅各宾派一位重要的领导人遭到对手的袭击和暗杀，情急之下，他跳进一家开着窗户的居民楼内。进屋后，这位年轻人发现，一位身着华丽睡衣的金发老太太，正戴着金边眼镜，端坐在床前看书。

看到有人跳窗而入，老太太大吃一惊，但她仍保持着贵妇人的镇静，这时，她把书放在床上，向那位惊呆的年轻人走来，并说道："先生，我想您走错房间了！"此时，老太太尽管已经是垂暮之年，但是，她的年龄无法覆盖她的高贵和端庄，仍旧风韵犹存。

"不，我没有走错，只是我迟到了30年，如果此刻是30年前，我一定会手持玫瑰花，拜倒在您的石榴裙下！"年轻人灵机一动，真诚地赞美道。

"你还别说，我年轻的时候，追求者无数。"老太太自豪地回答道。

起初，老太太以为那位年轻人只是不务正业的盗贼，后来，才知道，年轻人是为了躲避杀害，情急之下才冒犯到她。老太太打消了心头的顾虑后，果敢地帮助年轻人躲过了一劫！

赞美的力量，往往是出乎人们预料的，它胜似清晨美妙的音乐，永远在他人的记忆深处歌唱。因此，无论从哪个角度来讲，赞美都是人们交际中不可或缺的手段之一。试着去观察一下你身边那些在交际场合游刃有余的人士，你会发现，他们从来不吝惜自己的赞美之词。即使是初次见面的"陌生人"，他们也会根据自己对对方的第一印象，及时地给予对方真诚的赞美。

通过赞美，彼此间的距离感很快就会消失，大家由相互不熟悉的陌生人，成为很谈得拢的熟人。这样一来，无论接下来的话题多么复杂，你们的交往已经有了一个良好的开端，而良好的开端，是成功的一半。因此，下次与不曾谋面的陌生人交往时，千万不要再吝啬自己的赞美之词，更不要觉得赞美陌生人是一件很难为情的事情。

倾听法则：多给陌生人机会，让他先开口说

每个人天生都有一种倾诉的心理，都有一种希望把自己的心里话倾诉出去的欲望，每个人也都有一种希望有人来倾听自己倾诉的欲望，这就是“倾诉法则”。在人际交往的过程中，我们应该意识到人们的这种心理，学会当一个认真的倾听者，这样也可以帮助我们在人际交往中赢得有利地位。

一讲到沟通，我们就会自然而然地想到“说话”，而一讲到有效沟通，我们就会自然而然地想到要“学会说话”，因为我们都认为，只有会说话，才能提高沟通的效率，才能真正在人际交往中赢得有利的地位。

其实，学会倾听，也能让我们在人际交往中赢得有利的地位。因为每个人天生都有一种倾诉的欲望，都有一种希望把自己的心里话倾诉出去的欲望，每个人也都有一种希望有人来倾听自己倾诉的心理，这就是“倾诉效应”。

如果说在沟通的过程中，主动“说话”是攻势的话，那么学会“倾听”则是采取“守势”，在沟通的过程中，只有做到攻守得当，有攻有防，才是最合理的沟通。如果只有攻势，只是一味地诉说，就不会让对方真正进入到沟通中来，有时候连续不断的说话方式，甚至会给人一种咄咄逼人的感觉，实际上是拒人于沟通之外，这样很难取得良好的沟通效果。所以我们在人际交往的过程中，也要学会倾听。

倾听也是最好的沟通方式之一，用心倾听能让我们轻松赢得沟通。戴尔·卡耐基在他的著作《人性的弱点》中曾经讲过这样一件事：

有一次，卡耐基去参加一个大型宴会。在宴会中，他和一位植物学家坐到了一起。在吃饭期间，这位植物学家和卡耐基大谈大麻、室内花园以及马铃薯的事情，并且告诉卡耐基怎样解决花园中常见的一些问题。尽管卡耐基对这些事物并不是十分感兴趣，但是他还是认真地听了下去，并且尽量地附和对方。等到了宴会结束的时候，这位植物学家向宴会的主人极力称赞卡耐基，并且和卡耐基成了要好的朋友。

植物学家为什么会和卡耐基成为好朋友呢？原因很简单，他有一种表达的欲望，而卡耐基成了他的忠实听众。其实，任何人都有表达的欲望，如果有一个人能够认真地、津津有味地听我们说下去，我们就很容易喜欢上他。

德华特·弗罗是一位出色的外交家，曾经当过摩根的法律秘书，后来，他涉足政界，柯立芝总统任命他为墨西哥大使。

对于美国来说，驻墨西哥大使是一个非常棘手的职位，因为当时美国和墨西哥的关系并不好。因此，对于弗罗来说，第一次拜见墨西哥总统卡尔斯，是非常具有历史意义的一刻。不过，怎样才能给卡尔斯留下一个好印象呢？关于这个问题，弗罗想了很久，最终想出了一个好方法。

第二天，在拜见弗罗的时候，弗罗没有滔滔不绝地说话，而是诱导卡尔斯开口讲话，自己认真地去倾听，并且附和对方。这使卡尔斯感觉自己受到了尊重，所以对弗罗非常客气，并且给予弗罗很高的评价。

从上面的事例可以看出，如果我们认真倾听别人讲话，会让对方感到自己被尊重，从而对你产生好感，成为你的朋友。但遗憾的是，现在很多人都不懂得倾听，他们只知道表达自己的观点，而不给别人说话的权利，比如，别人的话还没有说完，他们就打断别人，讲出些不得要领、不着边际的话；别人的话还没有听清，他们就迫不及待地发表自己的见解和意见；别人兴致勃勃地与他们说话，他们却心荡魂游、目光斜视，手上还在不断摆弄这个摆弄那个……有谁愿意与这样的人在一起交谈？有谁喜欢和这样的人做朋友？

一位心理学家曾说："以同情和理解的心情倾听别人的谈话，我认为这是维系人际关系、保持友谊的最有效的方法。”可见，说是一门艺术，而听更是艺术中的艺术。倾听，是对他人的一种恭敬，一种尊重，一份理解，一份虔诚，是对友人最宝贵的馈赠。

所以，我们在和别人讲话的时候，一定要做一个懂得倾听的人。那么，怎样才能做到这一点呢？

首先，倾听的时候要表示出一定的诚意。倾听别人谈话总是会消耗时间和精力的，如果你是真的有事情不能倾听，那么就可以很客气地直接提出来。这比你勉强去听或者装着去听，给人的感觉要好得多。听就要真心诚意地听，对我们自己和对他人都是很有好处的，安排好自己的时间而去听他人谈话是一件很值得的事情。

其次，在倾听的过程中，要不失时机地给予回馈。谈话者往往都希望自己的经历得到理解和支持，因此我们在倾听的过程中如果能不失时机地加入一些简短的语言，如“对的”“是这样”“你说得对”等或点头微笑表示理解，都能鼓励谈话者继续说下去，并引起共鸣。当然，即使这样，我们仍然要以安静聆听为主，要面向谈话者，用目光与谈话者的目光作沟通，要带着一颗真诚的心，仔细聆听。

最后，要善于听出“弦外之音”。一个聪明的倾听者不能仅仅满足于表层的听知理解，而要明白谈话者的真实意图。只有这样，才能做到真正的交流和沟通。

社交恐惧心理：和陌生人成为朋友并不难

“社交恐惧心理”就像是一个魔鬼，它会在我们最需要轻松结交陌生人的时候突然出现，给我们设置障碍，影响我们的人际交往活动。那么，如何战胜“社交恐惧心理”呢？除了我们自己，谁也帮不了我们这个忙。因此，从我们自己做起，让我们一起勇敢地跨过“社交恐惧”这道坎。

在现实生活中，有相当一部分人一遇到陌生人，就会有心理负担，很多时候这种负担甚至会演变成为一种心理恐惧。有这种心理的人，一出现在陌生场合或者一遇到陌生人，轻则语无伦次，影响沟通；重则面部泛红，浑身冒冷汗，双腿打哆嗦……虽然这些症状还远远没有达到“社交恐惧症”的程度，但是这种心理对正常的社交活动具有消极的影响。在心理学上它被称为“社交恐惧心理”。

小王毕业于北京一所名牌大学的计算机系。在学校的时候，小王各科成绩都非常优秀，年年拿奖学金，人也长得也非常漂亮。按照她的条件，毕业以后找个好工作一点都不难。然而，现在毕业已经将近两年了，她仍然没有找到工作。

为什么会发生这种事情呢？原来小王是一个非常害羞的人。即使在学校里，小王一般都很少与人交往，从小学读到大学，小王也从来没有单独参加过什么大型活动，因为她在大庭广众之下从来不敢发言。在学校的时候，她把所有的精力都用在了学习上。

毕业以后，小王在找工作的时候遇到了大麻烦。比如去面试，别的同学都是能说会道，生怕自己某一个方面的才能表现不出来，但是小王每一次站在主考官面前都非常紧张，有时候双手会冒冷汗，有时候双腿会发软，很多时候连最简单的自我介绍都不能顺利地完成。正是因为如此，小王失去了很多好机会。这给她的心理造成了很大的打击。

再后来，小王干脆连投简历的信心都没有了。因此，工作的事情也就一直耽搁下来了。

其实，小王之所以会这样，正是因为她的社交恐惧心理在作祟。从小王的经历可以看出，她从小到大与人交往的机会很少，没有得到锻炼，致使她没有形成很好的社交心理，所以不敢与人交往，更不用说与陌生人交往了。

其实，在我们的身边，类似小王这样的人有很多，正是因为他们有一种社交恐惧心理，面对陌生人的时候，这种心理就表现得尤为明显。对于这些人来讲，要想让自己轻松地与陌生人交往，就必须学会在陌生人面前有效地化解自己的社交恐惧心理。对此，我们给出以下几条建议：

第一，不要对自己要求过高。很多人对自己的要求非常高，尤其是在陌生人面前，他们生怕给对方留下不好的第一印象，因此思前想后、畏畏缩缩，殊不知，越害怕发生的事情在这种心境下就越容易发生。因为过于追求完美，对自己要求过高，就容易患得患失，以致让自己在陌生人面前手足无措；太在意对方对自己的看法，一心想要得到对方的承认，就会迷失自己，以致在陌生人面前出洋相……所以，在陌生人面前，不要对自己要求过高，做最真实的自己才是最重要的。这样，我们才会消除心理的恐惧。

第二，学会调整自己的呼吸状况。说话每时每刻都要利用肺部呼出气流，如果由于紧张而引起呼吸紊乱，那么我们在说话的时候就会出现不正常的状况，例如，结巴，不能完整表达自己的意思，说话吞吞吐吐。经常在陌生人面前紧张得说不上话来的人在说话之前可以适当调整自己的呼吸，以缓解自己紧张的心情，然后再有条理地根据自己的想法组织语言。另外，说话之前做深呼吸，调整自己的呼吸状况，还可以帮助我们的身体摄入足够的氧气，使我们头脑清醒，保持敏捷的思维，这样也有利于我们的言语表达。

第三，在陌生人面前要集中精神，心无旁骛。面对陌生人会紧张的人往往都会出现“走神”现象。其实，如果我们在面对陌生人的时候能够让自己的大脑高速运转，表达就会非常顺利，说话就不会颠三倒四。另外，如果我们在说话的时候能够保持精神高度集中，就能够在任何时候都投入到说话的情境之中，及时地回应对方，这样也会让对方觉得受到重视，情绪自然就会高涨。我们的情绪也会随之而轻松，从而能够让我们全身心地投入到兴致盎然的会话中去。这也是消除社交恐惧的一个好办法。

第四，要让自己勇敢地去面对。在陌生人面前，有社交恐惧心理的人在社交场合下，往往会表现出逃避心理，害怕自己会出丑而不去面对。其实，逃避并不能消除紧张，它反而会使我们感到自己的懦弱，以致下一次会更加紧张。而且，我们生活在这个社会上，是必须与人交往的，早晚有一天，我们都必须去面对。克服社交恐惧心理的最好办法就是勇敢地去面对心理恐惧！就像一位心理学家指出的那样：“我们害怕的其实并不是事物的本身，而是我们自己！”也就是说，面对社交恐惧心理，关键就是看我们能不能勇敢地迈出第一步！要学会勇敢地去面对！

自我保护心理：巧妙消除陌生人的心理“屏障”

每个人多多少少都对别人有一种防备心理，这是由人的天性所决定的。在面对陌生人的时候，人的防备心理会更强。这就提醒我们，在结识陌生人的时候，我们有必要先消除对方对我们的防备心理。这种防备的心理，在心理学上被称为“自我保护心理”。

陌生人和陌生人之间的确是很难一下子打开心扉的。这是因为我们每个人都天生有一种自我保护心理。人们的自我保护心理在面对陌生人的时候会表现得更加明显。另外，我们很多人从小就被告知：“不要和陌生人说话，不要轻易相信陌生人。”这更加强化了我们在面对陌生人的时候的自我保护心理，我们通常都固执地认为：陌生人不值得相信，最好不要轻易和陌生人说话或处事。

“自我保护心理”导致的直接后果就是，当我们在和陌生人相处的时候，彼此之间会产生一种很强的防备心理，致使双方不能很好地交流。当然，这也就提醒我们，当我们在和陌生人交流的时候，我们要意识到，我们在对方的眼里也是陌生人，要想很顺利地交流，就必须先消除对方的防备心理。当我们把对方的防备心理消除了，彼此之间初步的信任才可能建立起来；有了信任，交流才可能真正开始，交往才能继续。

那么，如何消除陌生人之间的防备心理呢？在面对陌生人的时候，我们要学会对陌生人适当地坦诚相待。现代人的防备心理是非常重的，我在防备你，你也在防备我。“逢人只说三分话，不可全抛一片心”成了很多人为人处世的法则。在这种情况下，对陌生人适当地坦诚相待很容易获得对方的好感和消除对方的防备心理。那么，如何对陌生人适当地坦诚相待呢？

我们来看这样一个小故事：

某火车站旁边的旅馆的一个房间里同时住进来了四个人。四个人互不相识，开始谁都没有说话。

大约快到吃晚饭的时候，个子最高的那个人说话了：“各位兄弟们，大家好啊！你们都是要去哪里呢？我明天要到浙江去做点小生意，有没有同路的啊？如果同路，我们可以同行，彼此也有个照应。出门在外，大家都不容易啊。”

高个子刚说完，年纪最长的那一位就开口了：“我可是浙江人。不过我明天不回浙江，我明天北上去北京。你到浙江哪里啊？浙江是个好地方，到那里多旅游旅游。”

“你要去北京啊？那我们是同路。我明天也坐去北京的火车，我们不会是一个车次吧？”矮矮胖胖但年纪不大的那个人一听年长的人要去北京，就把话接过去了。

矮矮胖胖的年轻人说话的同时，身材最瘦的那个人也凑了过来，和高个子说：“是吗？我明天去浙江义乌进货。我们可以同路。你是到浙江哪里呢？”“我倒不是去义乌，我去杭州，不过我们有很长一段路可以同行，明天一起走吧。”

接下来，四个人又聊了很多。最后，四个人还一起吃了晚饭。第二天，两个北上的人一同上了火车，两个南下的人也一同上了火车。

四个本来并不认识的陌生人是如何聊到一块儿的呢？这多亏了高个子的那句开场白："各位兄弟们"这一个称呼一下子就把四个人的心理距离拉近了；接下来，高个子坦白地说出了此行的目的地和目的——"我明天要到浙江去做点小生意"。这一句话就把其余三个人对他的防备心理消除了。其余三个人正是在听了这句话后，觉得这个人挺坦诚的，于是心理防备就自然而然地解除了，从而引发了交谈的兴趣和动机，进而才有了接下来的"深谈"。可见，在与陌生人交往的过程中，我们只有用坦诚打开对方的心扉，才能真正消除对方的心理防备，从而建立信任，然后展开真正的交往。

和以前相比，现代人是冷漠的，但是内心中却比以往更渴望别人的热情。这不难理解，在与陌生人交往的过程中，一个善意的微笑、一句温柔的提醒都可以轻松消除对方的防备心理，使对方对我们产生亲切感。所以，我们在与陌生人交往的时候，不妨表现得热情一些。

敢于承认错误，主动消除误会和敌意

一个人无论多么精明能干，都不可避免地会犯一些错误，而且人们还有一种惯性思维，那就是发现自己犯错误后，脑子里总是会浮现出想隐瞒错误的想法，害怕错误一旦被人发现后，是一件很没面子的事。事实上，承认错误并不是什么丢脸的事。反之，从某种意义上来讲，它还是一种具有“英雄色彩”的行为。

犯错误，是每个人都不能避免的事情，正如雨果所说：“尽可能少犯错误，这是人的准则；不犯错误，那是天使的梦想。尘世上的人都是免不了犯错误的。错误犹如一种地心吸力。”因此，可怕的并不是犯错误，而是犯错误后，你的反应和态度。

哈威上班的第一天，由于自己对工作环境、环节不够了解和熟练，因此，工作起来难免出纰漏，果然，第一天下班的时候，他就将一张错误的报表呈给了总裁。第二天一大早，发现了自己的错误后，哈维吓出一头冷汗，但是，他知道这样的错误，会直接导致公司的利益受损。于是，他把这事告诉了跟自己一起负责报表的同办公室的同事。但那个同事马上手一摊说道：“我只是提供数据，报表是你的问题。”

哈维经过激烈的思想斗争后，决定将此事报告老总。由于哈维承认错误及时，那个错误的报表，总裁还尚未做出任何的处理，也就是说，公司并没有因此而受到任何损失。尽管如此，哈维仍旧觉得，自己这份工作肯定保不住了，于是，做好了被炒鱿鱼的心理准备。可是，总裁却被哈维勇于承认错误的勇气折服，不但没有炒他的鱿鱼，反而在以后的工作中，更加看重他了。

一个人无论多么精明能干，都不可避免地会犯一些错误，而且人们还有一种惯性思维，那就是发现自己犯错误后，脑子里总是会浮现出想隐瞒错误的想法，害怕错误一旦被人发现后，是一件很没面子的事。事实上，承认错误并不是什么丢脸的事。反之，从某种意义上来讲，它还是一种具有“英雄色彩”的行为。因为错误承认得越及时，就越容易改正和补救。而且，由自己主动认错也比别人提出批评后再认错更容易得到别人的谅解。更何况一次错误并不会毁掉你今后的前途，而真正阻碍你进步的，是那种不愿承担责任，更不愿意改正错误的态度。

琳琳，头天晚上就跟一位不曾谋面的王先生约好第二天上午9点在一家会馆谈生意，结果，琳琳坐上出租车后，就开始堵车。

尽管途中，琳琳跟王先生解释自己堵车，让其耐心等待。但是，王先生等到9:30仍不见琳琳的人影，就有些坐不住了。将近10点的时候，琳琳才慌慌张张地出现，王先生本来就是个性急的人，看到琳琳，第一句话就没好气地说：“你干脆别来了，都几点了？有没有一点时间观念，北京就你家堵车？”

琳琳本来在出租车上就憋了一肚子火，再听王先生这么一说，气更是不打一处来。但是，她仍然克制住了已经窜到嗓子眼的怒火，尽量让自己的声音听起来平缓：“对不起，对不起，真对不起……”琳琳连着说了五声“对不起”后，王先生紧蹙的眉头显然舒展了些许。

谈话的过程中，琳琳的情绪很快稳定下来，而且不止一次地向王先生表示自己的歉意。最后，两人分手的时候，王先生不但早已气消颜开，而且主动留了琳琳的电话号码。后来，两人成了很好的合作伙伴。

勇于承认自己的错误，你不但不会失去什么，反而会拥有更多。尤其是与人初次见面时，勇于承认错误，更是那些游走于交际场的人们善用的手段，它可以尽快消除彼此间的敌意和误会，为大家接下来的交往打开一扇窗。

其实，很多时候，一句真诚的“对不起”，就好比软化剂，很容易化解彼此的误会和怨气，给双方留有后退的余地。可偏偏有些人，很吝啬这三个字，从不轻易地说出口，认为那是一种“示弱”。这样的结果，不外乎，本来可以成为朋友的两个人，从此分道扬镳了，成了真正的陌生人。

因此，只要是自己造成的错误局面，就应该有勇气去承担，而不是刻意地回避，更不能一味地唇枪舌剑。如果一个人有勇气承认自己的错误，这不仅可以清除自我的罪恶感，还会有助于解决由这项错误所导致的种种问题，更重要的是不会造成更严重的人际矛盾，不会引起别人因此而对我们产生的误会和敌意。

第14章

爱情婚姻幸福的相处法则
——和爱人搞好关系的心理策略

如果爱人的脚步渐渐远去，你不要一味地沉溺在伤悲里。痛定思痛，搞清楚其中的原委，为的是避免“不幸”再次降临到自己头上。如果你曾经一味地猜忌、抱怨、冷漠……从不关心对方在想些什么，那么爱情渐远，也只能说是咎由自取！倘若再次牵手幸福爱情，你就一定要学会照顾对方的感受，倾听对方的内心之音！

空间定律：爱情也需要呼吸

我们都倡导自由的爱情和婚姻。但是并不是每一个人都懂得在爱情和婚姻之中给对方留出一点空间。爱情没有空间，何谈自由？缺乏个人空间的爱情，就好像缺少了阳光和空气的生命，最终只会枯萎，结果只能让人感到窒息，这样的结果只能是分手或者离婚。

有这样一个故事：

一个女孩在出嫁之前，问自己的母亲："怎样才能使爱情保持长久？怎样才能让我的丈夫永远爱我？"女孩的母亲什么也没有说，只是走到院子里，用双手捧起了一捧沙子，然后用力一握，女孩的母亲用力越大，从手指缝里渗出来的沙子就越多。当女孩的母亲最后累得筋疲力尽张开双手时，女孩看见母亲手中的沙子已经所剩无几。女孩的母亲把沾满小沙粒的双手伸到女儿的面前，对女儿说："你现在明白了吗？"女孩若有所思地点点头。

其实，女孩的母亲无非是想告诉女儿："如果把爱握得太紧，反而会失去更多。"

这个小故事值得我们深思。女孩的母亲告诉女孩的道理也是我们每个人都应该懂得的。对一件东西，我们如果抓得太紧了，没有了空间，它就会失去活力甚至死掉。爱情和婚姻也是如此，它们都需要自由和空间。在爱情和婚姻之中，如果想把对方抓得太紧，最后的结果肯定会让我们失望，轻则会让双方产生矛盾和隔阂，重则会导致分手或离婚。现实生活中有很多类似这样的例子：

雯雯三个月前刚刚和男友确定了恋爱关系。从那以后，雯雯就把男友当成了自己的全部，恨不得每一分每一秒都和男友待在一起，雯雯甚至要求知道男友的邮箱、银行卡甚至是日记本的密码，她还会每天翻看男友手机里的通话记录和短信。她不让男友参加任何其他的活动或聚会，只让男友陪自己。有时候，一天见不到男友，雯雯就会想：他在干什么呢？和朋友吃饭会不会喝多了？下班了是不是和别的女同事约会了……雯雯每天想着这些事情，弄得自己疲惫不堪。当然，她的男友也因此感到非常压抑，以前的自由全都没有了。

经过认真的思考，男友郑重地向雯雯提出了分手。雯雯伤心极了，非常想不通："自己这么爱他！他为什么还要和我分手？"但是此时已经没有任何挽回的余地了，男友已经下定决心要分手了。

其实，爱人的心有时是无法刻意把握的，爱要有足够的空间才能持久地燃烧，相爱的人要给对方足够的自由，这样他才会轻松，才会快乐。有了空间，彼此才能生存；有了空间，双方才能有转圜的余地，因而也就不易产生摩擦和冲突；有了空间，彼此才能获得自我提升的机会，因而，爱情和婚姻的质量也才会更高；有了空间，双方所获得的尊重感会更强，爱情和婚姻也就更容易建立在独立自主的基础上。

相反，如果把爱情和婚姻抓得太紧，就会让对方感到喘不过气，爱就会在紧张的气氛中慢慢地消失，随之而来的就是矛盾、争吵、指责……那么，爱情带给我们的就不再是快乐，而是痛苦。

那么，爱情的空间应该如何给出呢？这个空间，需要以双方的自我约束和相互信赖为基础。给对方空间就是给自己空间，修正自己的行为，尝试着放弃一些空间，不再过多地去侵占本该属于他的私人领域。例如，不要偷看对方的隐私（如果想知道直接问还好），尽量理解对方（可以知道在什么时候他最想独处）。

总而言之，在恋爱或者婚姻中，除去以感情为基础，最重要的就是要互相信任，给对方一定的空间。当然，这个空间的把握是不那么容易的。空间太小了，对方嫌你小心眼，太缠人；空间大了，对方嫌你不够关心他，感情冷淡了。如果对方需要有单独处理的社交关系，像同学聚会、单位活动，就不要过多地干涉；没必要去问有哪些异性参加，聊了些什么之类的。当然，如果回来晚了，应该表现得关切一些，适当地打电话催一催。其实，爱情和婚姻的问题，都是生活中的细节问题，时间长了，自己心中就自然有数了。

罗密欧与朱丽叶效应：坚信阻力之下的爱情

罗密欧与朱丽叶由于双方的家族世仇，他们的爱情遭到了极大的阻碍。但压迫并没有使他们分手，反而使他们爱得更深，直到殉情。这样的现象被称为“罗密欧与朱丽叶效应”。也就是说，当出现干扰恋爱双方爱情关系的外在力量时，恋爱双方的情感反而会加强，恋爱关系也会因此而更加牢固。

《罗密欧与朱丽叶》是莎士比亚的一部戏剧。故事发生在14世纪意大利的两个积怨很深、相互争斗的家族之间。两个家族的独生子罗密欧和独生女朱丽叶相爱了，他们的爱情受到多方阻挠，但两个年轻人决心冲破重重障碍，将忠贞的爱情轰轰烈烈地进行到底。双方的家人越是反对，两个人的心贴得越紧。

类似的情况在我们生活中并不少见。那么，为什么会出现这种现象呢？是什么心理让这些被“棒打的鸳鸯”关系更紧密呢？心理学上的解释之一是从选择自由与对所选择对象的喜爱程度之间的关系来说的。让我们先看一个实验：

美国社会心理学家布莱姆在一个实验中，让被测试者面临A与B两个选择。在低压力条件下，一个人告诉被测试者“我们选择的是A”；在高压力条件下，另一个人告诉被测试者“我认为我们两个人都应该选择A”。

结果，在低压力条件下，被测试者实际选择A的比例为70%，而在高压力条件下，只有40%的被测试者选择A。

可见，对于一种选择，如果选择是自愿的，人们会倾向于增加对所选择对象的喜爱程度，而当选择是被强迫时，便会降低对所选择对象的好感。

因此，在恋爱的过程中，当恋爱双方被强迫作出某种选择时，会产生高度的心理抗拒，这种心态会促使他们作出相反的选择，甚至会增加对自己所选择的事物的喜爱程度。从更深层次的心理需求上看，这是因为人们都有一种自主的需要，都希望自己能够独立自主，而不愿自己是被人控制的傀儡。一旦别人越俎代庖，替自己作出选择，并将这种选择强加于自己时，人们就会感到自主权受到了威胁，从而产生一种抗拒心理：排斥自己被迫选择的事物，同时更加喜欢自己被迫失去的事物。正是这种心理机制导致了罗密欧与朱丽叶的爱情故事一代代地不断上演。

“罗密欧与朱丽叶效应”值得我们深思：在现实生活中，当我们的爱情也遭遇外力的时候，我们应该彼此信任，彼此从心底相信对方是爱自己的，我们更要深信——外力越大，我们的感情会越深，因此只是为了这一点，我们也不应该轻言放弃。

在现实生活中，的确有很多类似“罗密欧与朱丽叶”的例子，然而遗憾的是，并不是所有人都能像罗密欧与朱丽叶一样能选择坚持，选择相信对方。

王彦和于梅从小学就是同学。高中毕业以后，王彦到北京上大学，于梅则在家乡——厦门上大学。

大学期间，王彦和于梅仍然保持着密切的联系，并且通过书信确立了恋爱关系。两人还约定，等毕业后，工作一稳定就结婚。

大学毕业后，王彦在北京考取了公务员。于梅则通过学校“择优留校”的政策留在学校当了老师。这样，按照两个人的约定，如果结婚的话，就必须有一个人作出牺牲。在这种情况下，于梅决定放弃留校的机会，到北京和王彦结婚。然而，这一决定立刻遭到了父母的反对。

没有得到父母的同意，于梅也没有断然作出与父母意见相悖的决定，只是觉得时间一长，父母肯定会同意的。就这样一拖就是三年，三年之中，因为家长的反对，两个人的感情不仅没有变淡，反而更深了。

然而，现实问题终究要解决。于梅的父母仍然没有改变自己的意见，他们的意见非常坚决：于梅是他们的独生女儿，他们不可能让自己的女儿到北京定居，他们也不想随女儿到北京生活。

在这种情况下，王彦慢慢地对于梅有了意见，两个人的年龄都已经不小了，再拖下去，也不是办法。王彦让于梅采取强硬措施，但是于梅不想伤害自己的父母。因为这件事，两个人闹了不少别扭。

小别扭闹多了，两个人就有了意见。虽然两个人心里都相信自己是爱对方的，但是他们开始怀疑对方是不是还在爱着自己。

于梅想：自己不能随王彦到北京定居，王彦肯定对我有意见了，虽然我是爱他的，但是他因为这件事情肯定不再像从前一样爱我了。

王彦想：我相信我是非常爱于梅的，虽然她的父母反对我们的婚姻，但是这更坚定了我的爱情，但是于梅为什么就是不愿意为了我们的爱情牺牲一下呢？她肯定不像以前那样爱我了。

就这样，两个人心里对对方都有了怀疑，进而有了隔阂，都把自己对对方的爱情埋藏在了心底，联系也少了很多。

又过了一年，王彦在北京有了新的女朋友，很快就结了婚。新婚之前，王彦给于梅发了一封电子邮件："于梅，我还是爱你的，但是我们此生可能没有机会了，让我们来生再做夫妻吧。"

接到邮件，于梅后悔不已。

王彦和于梅最后为什么会劳燕分飞？实际上是他们没有对彼此建立起绝对的信任。虽然有家长的反对，但是他们的爱情却在阻力之下更加甜蜜了。他们一边在心里对对方加深了爱意，但另一边却在怀疑对方是否还爱着自己。一旦怀疑产生了，他们就对自己不那么自信了，这是他们最终分手的原因。

很多人像王彦和于梅一样，一旦自己的爱情遭遇阻力，起初，他们的爱情在阻力之下会更加甜蜜，然而时间上稍微一拖，他们就会在心里产生怀疑，怀疑对方是不是还爱着自己，从而导致放弃、退却。

这时候，我们应该向罗密欧与朱丽叶学习一下，不管遭遇多大的阻力，都要彼此信任，这是最终走到一起的基础。其实，阻力越大，彼此的爱情会越深。再说不管什么问题都有解决的时候，阻力总会慢慢消失，重要的是我们要努力去化解误会、消除阻力。

当然，在阻力面前，坚信爱情，不一定要像罗密欧与朱丽叶一样去为爱殉情，而是要学会让外在的阻力为我们坚贞的爱情而感动。

保质期法则：时刻为爱情保鲜

人们从单一物品中获得的追加的满足，会随着所获得的物品的增多而减少；同一个人在不同时间里会有不同的感受，同样的物品对处于不同需求状态的人，其幸福效应也是不一样的，这就是著名的“幸福递减规律”。对于爱情，“幸福递减定律”给我们的启示就是：爱情保鲜需要不断制造新鲜感。

一个饥肠辘辘的人在吃第一个面包的时候会感觉香甜无比，吃第二个的时候会感觉很满足，吃第三个的时候就会感觉饱胀，如果这时继续吃第四个、第五个，那就成了负担，最初的快乐便荡然无存。这种现象说明，人们从单一物品中获得的追加的满足，会随着所获得的物品的增多而减少；同一个人在不同时间里会有不同的感受，同样的物品对处于不同需求状态的人，其幸福效应也是不一样的；人们对同一事物的幸福的感受，会随着物质条件的改变而降低。这种奇怪的现象被归纳为“幸福递减定律”。

“幸福递减定律”在生活中经常能找到它的影子，例如：

故事一：

一个国王为了躲避追兵，在兵荒马乱中好不容易逃了出来，在荒郊野外藏了两天两夜，又冷又饿。

就在国王走投无路的时候，遇到了一个老樵夫。老樵夫看他可怜，就给了他一个用玉米面和干白菜做的菜团子。国王饿得受不了，三口两口就吃光了，他觉得这比自己以前在王宫里享用过的所有美味都要好吃。

于是，国王就问樵夫这是什么东西。樵夫告诉他，这叫“饥饿”。

后来，国王回到了王宫，想起这难忘的美味，就叫御膳房给他“饥饿”吃。可是厨师们费尽周折，却总也满足不了国王的要求。

故事二：

一位美国青年在非洲沙漠里，口渴难耐，当时得到了一杯净水，给他带来无比的满足与幸福。而当他回到美国，到处都有饮用水，一杯净水给他的幸福降到零，他希望立刻能喝到可乐。

可见，当我们处于较差的状态时，一点微不足道的事情可能会带给我们极大的喜悦；而当我们所处的环境渐渐变好时，我们的要求、观念、欲望等都会发生变化，同样的事物再也不能满足我们的需求，我们在其中再也找不到当初的幸福感了。

爱情也是如此。我们都有这样的经历，当我们幻想自己爱情的时候，我们会把自己的爱情想象得非常浪漫；当我们在追求爱情的路上苦苦探索的时候，我们会非常渴望爱情雨露的滋润；当我们品尝到爱情的甜蜜的时候，我们会从心里产生一种溢于言表的幸福感。然而当时间一天天过去，当我们已经把曾经望穿秋水才得来的爱情牢牢地抓在手心的时候，我们也许会对曾经甜蜜的爱情产生一种排斥感，最初获得爱情时的那种新鲜感和幸福感会慢慢消失。这其实就是“幸福递减定律”在作祟。

在爱情面前，如何避免“幸福递减定律”的影响呢？如何为自己的爱情保鲜呢？

第一，面对爱情，我们要问一问自己真正需要的爱情是什么，这一点很重要。我们应该明白自己想从对方那里获得什么，并且愿意付出什么。这样，在双方开始接触时，我们会知道自己是否愿意开始交往并发展下去。一旦决定开始一段正式的恋爱关系，恋爱双方都必须记住是什么让彼此走到一起的。比如，是对方哪些外在和内在的东西吸引了你，你欣赏他（她）性格中的哪些方面等。这样在恋爱双方相处了一段时间以后，就不会对彼此的那些优点没有感觉。人们在感觉到舒适和安逸后总会有点倦怠，但如果双方都愿意为此付出时间和努力的话，问题是可以解决的。

第二，爱情保鲜的一个重要秘诀就是耐心。有的时候，也许我们不满意对方的做法，但是不能太认真，太过计较。我们要时刻提醒自己让自己慢下来，深吸一口气，并想想对方这样做的原因是什么。我们还要改掉傲慢不逊的态度，避免盲目下结论，因为那样会让对方感到不舒服，没有行动的自由，好像我们眼里只看到对方最坏的一面。很多时候，恋爱双方还要学会给对方一些时间，告诉对方在合适的时候可以坐下来好好谈谈。无论在什么样的情况下，耐心总是爱情保鲜的黄金秘诀（除非对方再也不想跟你讨论关于你们之间的事情，这也就意味着你需要好好考虑是否要终止这段感情）。

第三，爱情保鲜要学会互相宽容。“人无千日好，花无百日红”。在现实生活中，由于种种原因，恋爱双方发生矛盾是难免的。为了让爱情永葆青春，必须学会互相宽容，即向对方让步。有位美国社会学家说：“双方在冲突中都能让步，或者双方有关对方角色行为是否合适的看法相似，或双方在相互交往中能找到更多的价值，我们就能预言，他们的婚姻关系会比较美满。”可见，宽容、理解，该让步的时候就让步，能让爱情永葆青春。

第四，爱情保鲜要学会创造生活情调。爱情生活或婚姻生活中应该带有浪漫色彩和诗意，这种浪漫色彩和诗意不单单是指艺术和文学的，而是潜藏在生活中的各个领域。生活中，爱的源泉是需要男女双方精心培养的，就像浇花一样。有时，生活中的一句体贴的话留下的记忆永远难忘，所以互相体贴和关心永远不能少。另外，一次郊游、一场电影、一顿小吃、一次散步……就会增添无尽的乐趣，会让爱情永远展现最美丽的光彩。所以爱情保鲜一定不能缺少浪漫的生活情调。

路径依赖定律：最初的选择不等于最后的幸福

一旦人们作了某种选择，就好比走上了一条不归之路，惯性的力量会使这一选择不断自我强化，并让你轻易走不出去。感情的抉择也是如此，一旦我们作出一个错误的决定，即使是一个很小的错误决定，我们也可能由此而抱憾终生。因此我们在面对感情抉择的时候，需要冷静、冷静、再冷静！

一旦人们作了某种选择，就好比走上了一条不归之路，惯性的力量会使这一选择不断自我强化，并让你轻易走不出去，这就是著名的“路径依赖定律”。

我们知道，现代航天飞机的升天离不开火箭推进器。但是如果我说，现代航天飞机所使用的火箭推进器和两千多年前的罗马战车有一定的联系，可能很多人会为此而大跌眼镜。但是它们两者确实存在着千丝万缕的联系。

现代英美航天飞机所使用的火箭推进器在工厂造好以后，要通过铁路运输。铁路运输难免要通过一些隧道，而这些隧道通常的宽度都不会比火车铁轨的宽度宽多少。因此，火箭推进器的宽度也不能超过火车隧道，只能和火车铁轨的宽度相当。也就是说，火箭推进器的宽度是由火车铁轨的宽度决定的。

那么火车铁轨的宽度是由什么决定的呢？现代英美火车铁轨的宽度大约是4英尺8.5英寸，合1.435米。这个标准宽度是和现代英美有轨电车的轨道宽度一样的。这是因为现代英美铁路最早是由造有轨电车的人设计的，4英尺8.5英寸正是有轨电车所用的标准宽度。

英美早期的有轨电车的轨道的标准宽度又是由什么决定的呢？英美早期的有轨电车的设计者以前是造马车的，所以有轨电车的标准沿用了马车的轮距标准——4英尺8.5英寸。

那么，马车为什么要用这样一个轮距标准呢？原来，英国马车车辙的宽度是4英尺8.5英寸，所以，如果马车用其他轮距，它的轮子很快会在英国的老路上损坏。

这些车辙又是从何而来的呢？是从古罗马人那里来的。因为整个欧洲，包括英国的长途老路都是由罗马人为其军队所铺设的，而 4 英尺8.5英寸正是罗马战车的宽度。任何其他轮距的车在这些路上行驶的话，轮子的寿命都不会很长。

事情没有就此结束，罗马人为什么以 4 英尺8.5英寸作为战车的轮距呢？原因很简单，因为 4 英尺8.5英寸是牵引一辆战车的两匹马屁股的宽度。

现在，如果我们再说：现代航天飞机所使用的火箭推进器和两千多年前的罗马战车或者是马屁股的宽度有一定的联系，可能再也没有人会产生疑问了。

事情就是这样巧妙。“路径依赖定律”给我们的启示值得我们深思。根据路径依赖定律，不管什么事情，最初的选择至关重要，它直接决定着这件事情的未来走向。我们每个人的一生都面临着无数的选择和放弃，因此我们不管在面对什么事情的时候都要深思熟虑，作好最初的选择，这样才不至于为以后的成功和幸福埋下隐患。

感情的选择更是如此。现实生活中，不乏这样的例子，年轻的男女面对感情，太不理智，一味地感情用事，从而作出了并不适合自己的甚至是错误的感情抉择，殊不知，最初即使只是一个小小的错误决定，其后果却会无限地被放大，最终可能导致充满伤痛的婚姻生活和悲惨的人生。

吴莉曾经是一个非常优秀的女孩。1999年，她从一所著名的师范大学毕业后，在南方一所著名的私立中学教英语。那时候的她生活得无忧无虑，唯一遗憾的就是感情上没有寄托。虽然亲朋好友也给她介绍了一些不错的对象，但是她都没看上。

很偶然的一个机会，吴莉认识了莫剑。第一次见面，吴莉就被莫剑狂放不羁的性格和帅气的外表迷住了。莫剑也非常喜欢吴莉。两个人很快就确立了恋爱关系。

然而，当吴莉的父母得知莫剑只是一个小酒吧的歌手时，就有了不满。后来，吴莉的父母又慢慢地发现，莫剑非常浮躁，好高骛远，没有明确的人生目标，收入也不稳定。吴莉的父母都希望女儿能过上简单幸福的快乐日子，但是莫剑这样的状况并不适合女儿，于是父母正式反对吴莉和莫剑继续交往。

但是正处于热恋中的吴莉根本不能体察父母的一片苦心，毫不顾忌父母的反对，毅然嫁给了莫剑。

结婚后，吴莉曾经无数次向往过的幸福的生活并没有出现。时间长了，吴莉发现丈夫果然像父母说的那样不是一个脚踏实地的人，特别浮躁，还特别懒，从来没有想过要找一份稳定的工作养家糊口，酒吧的工作在婚后也去得少了。家里的一切开销全部都是吴莉来承担，吴莉对莫剑开始失望了。

再后来，莫剑做起了明星梦，甚至有了要到北京发展的打算，而吴莉只想过一种简单的日子，两个人为此吵了不知多少回。

2006年，莫剑背着吴莉踏上了北去的列车。面对莫剑的不辞而别，吴莉整天只能以泪洗面，心里的委屈也不知道向谁诉说。这时候，吴莉才意识到了自己的错误，才发现自己当时的决定是多么可笑，才真正后悔没有听父母的劝阻。

在我们的身边，类似这样的事情并不少。很多人在面对感情的时候，被一时短暂的幸福冲昏了头脑、蒙蔽了双眼，以至于作出了并不适合自己的感情选择。然而，一个错误的决定引发的连锁反应是巨大的，有时候甚至让人无法承受。

因此，那些面对感情无法抉择的人们，那些在感情面前太过感性的人们，那些常常会被一时虚假的幸福冲昏头脑的人们。在面临感情抉择的时候，请理智一点吧！请考虑得长久一点吧！

婚后沉默心理：别让婚姻成了爱情的墓地

“婚后沉默心理”是指已婚男女一改热恋时的亲密与热烈，婚后对情感的表达往往显得忸怩，甚至无话可说的心理状态。很多人都会经历这样一个阶段，真正幸福的婚姻生活往往在经历了这个阶段后才会出现。所以，我们一定要正视“婚后沉默现象”，一定要好好面对自己的“婚后沉默心理”。

在日常生活中，不难发现这样的事情：热恋中的男女总是如胶似漆，而一旦结为夫妻，日常的话语就变得非常简单；有的夫妻甚至到了几乎无话可讲的地步，仿佛情话已在热恋时说完了。研究发现，这是一种普遍现象，在很多人的身上都会出现，在很多婚姻中都会发生。心理学上把这种现象称为“婚后沉默现象”，而把人们在婚后漠视爱情的这种心理称为“婚后沉默心理”。

李玉和周晋相恋三年，两人在恋爱时亲密无比，经常看电影、逛公园、说情话、发短信，十分恩爱。后来，两个人终于走进了婚姻的殿堂。

刚结婚那会儿，两个人非常激动，蜜月期情意绵绵，颇有“只羡鸳鸯不羡仙”之感。然而，这种好日子没过多久，两个人就产生了矛盾。

平时，周晋工作挺忙的，公司离家又远，每天回来都感觉很累，谈恋爱时的那种生龙活虎的精力似乎不复存在了。另外，结婚以后，周晋明显地感觉到自己有了压力，以后自己要养家糊口，要承担起家庭的责任。因此，他对于工作更认真了，经常为了拿到奖金和提成而加班加点。

也许正是因为这些原因，周晋在妻子李玉身上花费的精力就少了很多，别说看电影、逛公园了，就是情话也说得少了。为此，李玉非常生气，整天埋怨周晋对自己厌倦了，不再喜欢自己了。李玉埋怨得多了，周晋有时候听得特别心烦，所以小两口隔三差五会吵点“小架”。

吵架的次数多了，两个人都觉得对方特别陌生，有时候甚至都不敢相信对方就是谈恋爱时候的那个人。两个人也都在担心：我们的婚姻是不是有一天会结束啊?

像上文中的李玉和周晋一样，很多热恋的人一旦结婚，没用多长时间就进入了“婚姻沉默期”。双方不仅感情不如以前好了，甚至还会常常发生矛盾。曾经有人说过：“婚姻是爱情的坟墓。”而现在，又流传着“七年之痒”这样的说法，意思是说两个人在结婚之后，双方的感情在七年之内很容易发生问题。很多人的婚姻都没有超过七年，就离了婚。

为什么结婚之后会陷入“婚姻沉默期”呢？具体来说，有以下几个原因：首先，许多人一旦结婚，就认为配偶已是自家人，彼此相爱，天经地义，何必再不厌其烦地说出来呢？正因为这种思想，双方交流少了，感情也不如以前好了。其次，结婚之后，夫妻各自忙于自己的事业，有的甚至两地分居，因此双方的感情淡了。最后，问题也可能存在于家庭的结构中，夫妻中的某一方过于强势，无形中压抑了另一方的表达，沉默成了无声的抗议。当然，夫妻双方陷入“婚姻沉默期”的原因是很多的，上面只是其中的一些。

对于很多刚刚结婚的新人来说，他们最担心的就是自己的婚姻陷入“沉默期”。其实“婚姻沉默期”并不像大家想象得那样可怕，只要我们能够调整自己，就可以让自己的婚姻长久地保持甜蜜。

张光和刘晓波是一对新婚恋人。在结婚一段时间之后，张光发现两个人的感情不如以前那样亲密了。两个人在下班之后，除了在吃饭的时候说几句话，很少在一起交流。更多的时候，两个人宁可看电视或看书，也不愿意在一起聊天。

这让张光非常苦恼，他觉得如果再这样继续下去，他和刘晓波的婚姻迟早会发生问题。于是，张光决定改变现状。他和刘晓波约定，每天下班之后不要急着看电视、看书，而是闲聊一会儿。每到周末，两人看一场电影或听一场音乐会。有时候，张光还会在路上给刘晓波买几朵玫瑰花。前些天，他们两个人还一同报了一个成人辅导班。这样，不仅可以让自己取得进步，也让两个人有了更多的交流话题。

自从两个人作出改变之后，他们的婚姻变得更加幸福了，就仿佛回到了当初热恋的时候。

从上面的事例可以看出，只要善于改变，完全可以顺利度过“婚姻沉默期”，让自己的婚姻始终保持幸福。那么，如何顺利度过“婚姻沉默期”呢？我们给出以下几条建议供大家参考。

第一，夫妻双方要学会与对方分享自己的生活感受。爱情需要经营，结婚以后也一样，夫妻之间对生活的感受也要经常分享。婚姻的美满是建立在夫妻双方流畅而充分沟通的基础之上的。现实生活中，有很多夫妻，经常发生冲突、相互指责、埋怨和猜疑，甚至出现婚外情，一个重要的原因就是长期的“婚后沉默症”造成的婚姻质量下降以及矛盾的长期积累。有些人在外面可以和领导、同事、客户、朋友、同学分享各种生活感受、人生经历，偏偏回到家就没话对另一半说，久而久之，两人的共同话题越来越少，就算能够分享，也仅限于家务事。从婚前的千言万语到婚后的三言两语，两人渐渐成为“最熟悉的陌生人”，看上去客客气气，其实没有心灵的沟通，这是婚姻生活的大忌。所以，我们一定要学会给自己的婚姻充充电，敞开心扉，打开话匣子，表达自己，让对方了解你，你会发现，原来和爱人分享生活感受是那么美好。

第二，夫妻之间情调不能少。现实生活中，有些男性觉得婚后自己是打拼养家的男主人，要有权威，调情这种小年轻做的事已经遥远了；有些女性认为结了婚就要做个端庄的贤妻良母、完美主妇，对老公的暗示也视而不见。心理专家认为，这些想法都不可取，婚姻不是爱情的终结，双方应该不断培养感情，让爱情继续在高峰体验中延伸。情调不是未婚年轻人的专利，也不是蜜月期独享的特权，而是夫妻双方应该终身具备的调味剂。很多人认为，夫妻之间太熟悉，碰对方的手就像左手碰右手，没有任何特别的感觉。其实，如果我们精心呵护、细心体会那双手，在它们相遇时心底仍然会有幸福的感动。呵护的方法很多，比如时不时制造一次小小的浪漫，两人单独相处时不妨来点小情调，一起看一场电影，送一盒心形的巧克力给对方，作一次短途旅行等。夫妻双方的爱是天经地义的，但这不代表恋爱不可以继续谈下去。

越吵越幸福：聪明的夫妻不会让吵架伤了感情

海面不会永久保持平静；夫妻吵架，也是生活原本的味道。聪明的夫妻遇到小吵小闹，从不会把问题积聚在心底，否则，问题总有一天会像火山爆发一样，一发不可收拾。

夫妻虽然是世界上最亲密的关系，但是因为天天在一起，自然也少不了摩擦。几乎每一对夫妻都会发生矛盾，都会吵架，这是再正常不过的事情。但是正是因为吵架，很多夫妻都伤了感情，最后甚至选择了离婚。可以说，吵架是夫妻关系中的“地雷”，不一定什么时候就会炸伤两个人。

杜斌和张秀艳是一对夫妻，两个人的感情很好，但是偶尔也会吵架。这段时间，两个人因为孩子上学的问题经常争吵。他们的儿子今年上初中一年级，杜斌想给他找一所教学质量非常高的私立学校，一则可以提高孩子的学习成绩，二则孩子可以在学校寄读，能够有更多的时间学习。但是张秀艳完全不同意丈夫的想法，她希望孩子每天都能回家，在自己的身边。为了这个问题，两个人争吵了很久，最后还是听从了张秀艳的意见。

前两天，张秀艳想给孩子找个家教，便和丈夫商量。开始的时候，杜斌不同意，他认为孩子负担已经很重了。但是张秀艳仍然坚持自己的想法。最后杜斌不耐烦了，说："你既然已经想好了还和我商量什么？"这下张秀艳也火了，生气地说："你一点也不关心孩子！"听了这句话，杜斌也生气了："我是孩子的父亲，我怎么会不关心他！倒是你，就知道溺爱孩子，根本就是在害他！"结果两个人越吵越厉害，最后，张秀艳回了娘家，在娘家住了一个月才回来。

从上面这个事例可以看出，如果小事处理不好，夫妻间的争吵真的会伤害到双方的感情。夫妻二人每天都生活在一起，磕磕碰碰也是难免的，甚至可以说，这个世界上没有不吵架的夫妻。

不过，在爱情专家的眼中，夫妻间的争吵并不是只会对双方的感情产生破坏作用。如果"吵"得合理，"吵"得有水平，甚至还会增进两个人的感情呢。

我们来看这样一对夫妻：

王刚和孟尧两口子也和所有的夫妻一样，时不时会为一些家庭琐事等发生争吵。然而，在他们吵得最凶的时候，总有一个人能极其聪明地扭转紧张局势，四两拨千斤，让他们马上又亲密无间。

王刚说："夫妻吵架如同炒菜，要根据所炒菜码的不同，掌握火候，加入不同的作料，关键是一定要有人知道什么时候熄火。火关得太早，菜半生不熟，弄不好还要回锅；火关晚了，菜炒煳了，味道一定不好，谁吃了都不高兴。只有在菜炒得刚刚好时，及时熄火，才能变成一顿佳肴，大家吃着都舒心。我们在吵架的时候，总有一个人会率先作出让步，上次是她让步，这次就是我让步……因此即使吵得再凶，我们也能够很快和好如初。这样吵得多了，我们反倒会发现对方身上更多的可爱之处，会让我们更加珍惜对方。因此，我们吵得越多，关系反倒越好了。”

王刚的话值得我们深思。仔细分析，我们不难发现，夫妻吵架重要的是要把握好一个“度”，要吵得恰到好处。如果我们都能把握好这个“度”，那我们也会越“吵”越幸福。

可见，吵架其实并不可怕，只要我们会吵架，吵架反倒会成为婚姻生活的调味剂。

当然，我们并不是鼓励夫妻经常吵架，而是告诉大家，如果实在无法避免一些争吵，在吵架的过程中一定要遵循一些原则，从而让双方的争吵适可而止，不至于伤害到两个人的感情。

那么，夫妻间在吵架的时候应该遵循一些什么原则呢？

首先，就事论事，不要把陈年旧事都翻出来。在这方面，一些女士非常“在行”，本来是因为这件事而争吵，她们没用多长时间就跑到别的话题上去了，结果使得争吵的话题越来越多，两个人的矛盾也越来越大。

其次，在吵架的时候一定要注意分寸，千万不要没轻没重，恶语相向。在吵架的时候，不能说绝情话，不能讥笑对方的某些缺陷或揭对方的“伤疤”，更不能在一时气愤之下，破口大骂，不计后果。专家认为：“任何指责都可以忘记，但性指责是永远不可原谅的。” 同时，不要轻易说出“离婚”的话，如果你总提离婚，对方有可能会信以为真，以为你们的婚姻真的无可挽回了。

最后，夫妻吵架后，要做好善后工作。其实，夫妻双方在争吵之后，主动道歉，说声“对不起”，多数情况下就能达成和解。很多幸福的夫妻都有过争吵和争执的经历，他们常说“我们是吵过来的”，但他们也告诉大家，争吵之后，一定要做好善后工作，否则很容易就会伤害到夫妻之间的感情。

第15章

屏蔽“危险”的识人法则
——和小人划清界限的心理策略

“小人”就像是鞋子里的沙子，羁绊自己的脚步。如果不幸遇到“小人”，我们可以细心观察他们的行为，然后就会得知，这种行为往往来自其内心的自卑和不安。那么，对这样的人，就像对待鞋中的沙子一样，把他们倒掉就好了！

归因偏差：永远不要让小人看清楚真相

归因偏差，指的是认知者系统地歪曲了某些本来是正确的信息，有的源于人类认知的过程，本身固有的局限，有的则是由于人们不同的动机造成的。由于主观原因而造成的归因偏向和差别，是不当归因的主要形成原因。

从归因偏差的定义来看，或许你很难理解它的真实内涵，其实，它讲的就是，人们在面对一项结果时，往往把原因错误地归向一方，而无法看到更加全面、客观的原因。比如，当一个人在工作中取得成就的时候，往往觉得这是自己能力的表现，即使表面说“感谢大家的关照和支持”，但内心最为沾沾自喜的仍是自己的努力。但是，谁都知道，“军功章”绝对有别人的一半。再比如，工作上一件事情出现差错，大家总是希望把自己从中择出来，力图把责任推给别人，其实，自己心理最清楚，其中也绝对有自己的责任。从心理学的角度来讲，人们的这种心态是很正常的，甚至可以说，这样的心理对于自我的心理调节和自我防卫是有一定好处的。但是，过犹不及，如果自己对事物的认识跟事实总是存在偏差，而且明显地远离事实轨道，就会给个人的发展带来漏洞，如果不及时修补，漏洞就会越来越大，难以弥补，直至自己身心沦落。

刚刚我们已经讲过，主观原因是归因偏差的主要原因，我们也一再强调客观的重要性。但是，我们又不得不承认，人们做事情、想问题，总是带着自己的主观情感。萨特说：“他人，即地狱！”看到别人取得成就并被重用时，自己心中总是莫名其妙地愤愤不平，这就是嫉妒。

在一家IT公司，活跃着三位员工，之所以说他们活跃，是因为最近公司在进行副总裁的选拔，而这三个人是最有希望胜任的人选，但由于公司只是中等规模，所以，副总裁的位置只有一个，很显然，他们三个面对着三进一的竞争。这三个人分别是总裁的美女助理金辉、为公司效劳多年的王海工程师和年轻的办公室主任刘阳。

金美女，“侍奉”总裁已经三年有余，在这三年的时间里，凭着自己的聪明才智，她对公司的业务早已了如指掌，工作起来，更是如鱼得水。由于她能说会道，总是能领悟到总裁的意图，老板对她更是信赖有加。因此，她自然而然地成为这次副总裁的候选人之一。

再说那位王工程师，自打公司创业之初，就跟着老板一起打天下，工作勤勤恳恳，待人诚恳朴实，可就是平时有点闷，不太爱说话，属于那种随大溜，从不得罪人的人。但是，他自认为，自己跟老总打拼这么多年，即使没有功劳，也有苦劳，这次，副总裁的位子，一定非他莫属。

而那位刘工程师，年纪轻轻，来公司不到两年的时间，精明能干，而且为人处世非常老道，深得领导重视，因此，很快就升到了办公室主任的位置。这也是下边的员工认为他这次竞争副总裁最为有利的条件。

下边的人议论纷纷，而总裁却是不动声色，三位候选人似乎也心照不宣，金美女更加勤恳，追着总裁的屁股后头跑。而王工程师似乎也比平时更加会表现自己。唯独那位刘帅哥表现得比较镇静，仍旧按部就班地做自己的工作，似乎对什么副总裁的位置一点都不感兴趣。这样一来，使得金美女和王工程师更加感觉，刘工程师跟他们相比太嫩了，所以，主动放弃了竞选。

几个月的持久战下来，大家似乎已经筋疲力尽，王工程师和金秘书似乎也没了先前的那股劲，总裁却突然召开了人事任免大会，金美女和王工程的心“咚咚”直跳，仿佛在等待伟大时刻的到来，更是努力在脑海中搜寻着自己最近工作上到底有没有失误。但是，随着掌声雷动，他们俩也跟着木讷地鼓起掌来，这时，只见刘工程师惊讶地从自己的座位上站起来，然后，同样木讷地朝大家微笑、点头。很显然，他对这次任命，感到非常意外。

不动声色的刘工程师，最终赢得了这场角逐。金秘书跟王工程师，嘴上没有直说，但是，从他们阴阳怪气的口气中，人们还是可以听出其中的不满和愤懑。而那些拍马屁的人们，更是从中挑拨离间，说他们落选，是多么不应该。这样一来，更是搞得他们妒火中烧，怎么想，怎么都觉得姓刘的那小子不如自己，怎么想，怎么都觉得老总偏心眼。这样一来，他们越发看那姓刘的不顺眼。其实，这种现象，很显然就是心理学上的“归因偏差效应”。

生意场上，老板最看重的是个人能力和业绩，实力是得到提升的唯一准则，老板不喜欢“老好人”，公司更不是靠“马屁精”就可以存活的，他需要的是，有能力、有责任心的骨干力量。因此，不要认为只有自己升职才是理所当然。老板，之所以是老板，我们之所以是他的下属，从某种程度上来说，他的才智就在我们之上，既然如此，他任免一个人，自有他的理由。

因此，职场中发现比自己更有才华的同事，即使他是自己的竞争对手，也要学会向对方学习、致敬，而不能总是片面地将对方的成功总结为一些不合理的因素。要知道，我们总结他人行为的归因，直接影响着我们对他人行为的反应。这样一来，只能让自己找到诸多不成长、不进步的借口。因此，你的最佳做法是，努力从对方的身上找出他成功的原因，哪怕只有一条是自己所不如的，你也算有所收获，而你新的进步也将会从这一刻开始。然后，动动自己的脑子，把自己的业绩搞上去，让老板看到你的进步和光彩，用事实证明，公司因你的存在，而在日益壮大。等到那个时候，你不想被提拔，恐怕都难。

沸腾效应：冷静思考，不要中了小人圈套

众所周知，水在99°C的时候仍是水，它不可能转化为水蒸气，倘若这时，再添一把火，让水温在99℃的基础上再升高1°C，就会使水沸腾，并产生大量的水蒸气，从而引起水的质变。这种效应在心理学上就被称为“沸腾效应”，又被称为“99°C+1°C理论”，或是“99℃理论”。

100℃，是水的临界点，水温升至99°C，都不会沸腾，还不可以被称之为开水，无法成为水蒸气，其价值还是非常有限的。这时，如果放弃燃烧，前边的99°C便会化为零，失去了意义。倘若这时，稍加一把柴，水温很容易就会升至100°C，这样的结果，也便圆满了。因此，就是这“1°C”，往往是导致最大差别的关键因素。

在我国古代，流传着这样一个传说。两个人偶然与神仙邂逅。神仙授予他们两人酿酒之法，叫他们选端阳那天饱满的米，用冰雪初融时高山上的水，调和后放入深幽无人处的千年紫砂土铸成的陶瓮中。然后，用初夏第一张看见朝阳的新荷覆盖，密闭七七四十九天，到这一天，鸡叫三遍后方可启封。这样，甘甜的美酒就酿成了。

两人听罢，赶紧照神仙的嘱托去酿造自家的美酒。日子一天天地过去了，他们终于盼来了神仙所说的第四十九天。可就是在第四十九天的时候，事情却发生了翻天覆地的变化。鸡才鸣叫过两遍，其中的一位就按捺不住掀开了容器的盖子。结果，酒坛子里散发出来的味道，简直难闻极了，酸臭无比，就好比一坛子淋进雨水的陈醋。而另外一位，耐着性子，坚持等到了第

三遍鸡鸣。就这样，他的那坛甘甜清澈的天赐美酒酿制成功了。

这个故事，告诉我们，酿酒不等到最后一刻——第三遍鸡鸣，就不会得到佳酿。其实，不仅仅是酿酒，日常的生活和工作中，何尝不是如此。千万不要小看这最后的一遍“鸡鸣”，它往往在整个事态的发展中，起着最为关键的作用。很多时候，只要让自己保持冷静，再稍加努力，就会功成名就。而稍不谨慎，放弃了最后的一丝努力，就会功败垂成。

再看看下面的例子，如果你也在为这样的事而苦恼，希望能够从中得到些许慰藉和开导。

小晴是某家公司的一名编辑，到这家公司上班已经半年有余了，工作上还算顺利，老板对自己的文笔很是赏识。可这几天，她的心情却像七月晴转阴的天气，骤然变沉。为此，小晴还急出了一脸的青春痘。这一切都是源于编辑部新来的一位员工。这位员工名叫张枚，打她第一天上班起，小晴就隐隐地感觉到这个叫张枚的新员工“特事”，因为小晴主动跟她打招呼，她总是爱答不理的。

结果，几天相处下来，果然不出小晴所料，这个张枚难缠极了，老板说她是新员工，让小晴带带她，小晴便欣然答应了。可是，她很快发现，这个张枚真是“事得很”，一些问题，不给讲，老板问起来，她就说小晴没跟她交代；给她讲，她还总是一副盛气凌人的样子，好像自己什么都懂似的。看她这样，小晴打心眼里懒得答理她。结果，在第一周例会的时候，张枚写出来的东西，跟主编要求的大相径庭，而张枚倒好，直接把责任推给了小晴，说她没给自己解释清楚。当时的小晴，真是有口难辩，她当时明明给张枚讲得很清楚，她还记得当时张枚还没好气地说：“我懂，以前又不是没干过。”这样，小晴才没有过多过问她工作的事。

张枚这么一说，老板也不问青红皂白，当着全公司同仁的面，就狠狠把小晴痛批了一顿。小晴的脸，一会儿青，一会儿紫，整个例会下来，她一言未发。而张枚却在一旁幸灾乐祸。

为了发泄一下，小晴打通了自己密友雯雯的电话，约她一起出来吃晚饭。这顿晚饭，简直就是小晴一个人在说，雯雯一个人在听。等小晴吐完苦水，情绪稍微冷静了些，雯雯问道：“你现在在公司，待遇怎么样?”“还不错！跟我预期的基本相符。”小晴不假思索地回答道。“那你找好下一家单位了吗?”“当然没有，我本来就没打算辞职的。”小晴说道。“那你就这么盲目地走，高兴了谁，又苦了谁呢?”雯雯接着问道。

听雯雯这么一说，小晴若有所思地愣住了。“是啊，我这么走了，高兴了谁，又苦了谁呢?”答案当然是不言而喻，苦了自己，而便宜了张枚，至少她在工作上又少了一个竞争对手。经雯雯这么一说，再加上她苦口婆心地给小晴分析了利害关系，小晴终于明白自己下一步的选择不是离开，而是更加积极努力地工作，因为，她是这个年份里最有机会晋升编辑部主任的人选。

第二天，小晴早早地来到了办公室，等老板一进门，她就走进老板办公室，主动承认了自己的失误，并表示自己在以后的工作中，会更加努力、上进。老板听后，哈哈大笑起来，并说道：“小晴啊，你也知道，公司对你寄予了厚望，希望你能尽快挑起编辑部的大梁，我不对你严厉，又对谁严厉呢？再说了，张枚是新员工，咱们不能一来，就给人家下马威吧？至于她的去留，到底还是要看她的工作表现，我心里有数，你只要尽到你的职责就是了。去吧，好好工作去吧!”

走出老板办公室，小晴长吁一口气，这时的她，也早已冷静下来，知道老板当着全公司同仁的面，指责自己，也无非是杀一儆百。由于自己的积极努力，三个月后，小晴成功晋升编辑部主任一职，而那个张枚，最终由于无法胜任工作，没能留下来。

这场办公室风波，对于小晴来说，又是工作历程中一座小小的“里程碑”，使她懂得，无论何时，都要保持冷静。在保持冷静的状态下，给自己加温最后1°C，然后，让自己找到属于自己的100° C，而不是让自己功亏一篑于99° C。因此，无论何时，都不要落入你身边“小人”设下的圈套，让自己与成功无缘。倘若你没有按捺住自己的性子，使自己临时乱了阵脚，没能踢好最后的“临门一脚”，不要只是去抱怨小人的奸诈，你更应该反思自己的度量和修养！因此，还是让我们用那句被人们说了上百年的“可怜之人，必有可恨之处。”来结尾吧！

关系场效应：不要轻易得罪小人

在角色群体的活动效率中，集体的力量既可能产生增力作用，也可能导致减力作用。“三个臭皮匠，顶个诸葛亮。”这种由不同的角色扮演者组成的群体产生的内聚力或摩擦力，在社会心理学上，统称为“关系场效应”。

“关系场效应”给了人们一个很重要的提示，那就是在人们合作的过程中，有些时候，集体的力量大于个人，倘若没有集体的合作，这些事情，根本是个人无能为力的。而有些时候，却恰恰相反，集体的力量，还不如个人的力量大。是什么导致了这种差异呢？很显然，这就像几个人在大海中行船，如果船的两侧，大家用的力是一致的，船就一定会向前行驶，倘若两侧的水手，用了相反的力，那船要么停滞不前，要么，哪方的力气大，就会往哪个方向行驶。但不管怎么说，都增加了船前进的阻力，而降低了船前进的速度。因此，在第二种情况下，两侧的人一起划船，倒不如只有一侧的人划船，使船前进得更快、更稳。因此，团队的合作，一定要防止这种相反的力量产生，或者说，要努力把这种相反的力量化为同向的力量，只有大家朝一个方向使劲，团队的业绩才会大幅度提高。

露露刚刚跳槽到一家公司做老板秘书，上班的第一天，她感觉这里还不错，大家看起来相处得还算和睦，公司的氛围很好。良好的第一印象，让露露大吁一口气，她的职业敏锐性告诉她，在一个公司里，如果大家相处得不好，那第一个倒霉的就是秘书，因为秘书直接面对的顶头上司就是公司的老总，下边人稍加“刁难”，导致工作稍有疏忽，老总就会拿她“开刀”，而自己更是有苦无处诉。况且，她离开上家公司，就是因为下边的人做事“不配合”，最后，她只能是三十六计走上为上策。

可是，没过一星期，露露就发现，她心放早了，这家公司，同样有着自己的派别，而她初来乍到，加上自己一人之下，万人之上的特殊位置，必须使得她跟每一个人搞好关系，否则，自己的工作就无法很好地完成。第一周，面对露露的报表，老板就大发雷霆，露露一头雾水，“我是按仓库管理员古龙和发货员陈彬报上来的数据做得呀，怎么会出现这么大的漏洞?”露露一时间搞不懂到底哪里出了差错。

多年的秘书工作经验告诉她，“这其中一定有人捣鬼！”于是，她决定自己亲自到仓库去看个究竟。利用中午员工就餐的时间，露露顶着烈日，更是顾不上吃午饭，来到仓库一看，顿时怒火中烧。原来，二人一起捣鬼，把没货的说成有货，而把有货的却说成没货，而且报上来的数字，跟实际发货数字根本不付。露露一下子明白过来，客户的订单上明明写的是50件，而仓库却迟迟不给发货，原来这批货只剩下10件，而古龙和陈彬报上来的报表，竟然赫赫写着:“有货”。这时，露露想找小曼兴师问罪。仓库管理员的工作，大多时候很繁忙，为了防止疏漏，小曼是老板安排在仓库的二级保险。可露露左找右找，也不见小曼的人影，后来，通过打电话询问才知道，她竟然在上班的时间跑到宿舍去喝茶、吃零食。最可气的是，露露让小曼帮自己填一张快递单，她自己还要去校对，因为，这几个人办事，她实在不放心。

身临这样的险滩，着实让人劳神，但露露很清楚，跟他们对着干，对自己没有任何好处。凭着多年的工作经验，露露早就练就了与员工打交道的本领。因此，她非但没有对这几个人大加指责，还跟他们有说有笑。更没有在老板面前打他们的小报告。因为，她知道那样只能将事情进一步恶化。那难选择逆来顺受吗？当然不是。

接下来的公司会议上，露露主动承担了上次工作中“失误”的责任，还在老板面前，把仓库的几个人大大褒扬一番。这样一来，换成仓库里那几个人丈二和尚摸不着头脑了，他们不知道露露的葫芦里到底卖的什么药。他们起初，不约而同地以为，露露是先君子，后小人，况且他们比谁都更清楚事情的真相。心里有鬼，必然有些心惊胆战，接下来的一段时间，他们再也没有做什么手脚。加之，露露也经常到仓库跟他们“唠唠嗑”。一时间风平浪静，大家相安无事。

直到有一天，老板在会议上，对几个人表扬了一番后，又给他们加了薪，他们才大彻大悟，原来，露露不但没有打他们的小报告，而且还多次在老板面前替他们美言。这样一来，他们才向露露说出事情的真相。原来，他们来这里工作几年了，公司其他的员工都先后加薪了，而他们却总是被老板漏掉，几次加薪，竟然都没他们的份，而且他们的工作是最苦最累的，这不禁让他们心有怨言。可是，这样的怒气，又不敢冲着老总发，只好拿老总的秘书开刀。

后面的事情，自不必言说，大家积极配合露露的工作，把工作做得有声有色，公司的业绩直线上升。在一次总结大会上，老板对自己的得力助手露露大加赞扬，加薪自然也就不在话下。而这次与以往不同的是，仓库的几位员工并没有咬牙切齿，而是衷心地恭喜露露！

案例中的“仓库人”，在工作中，应该算是“小人”了。他们的行为更是充分证明了这一点。想必在工作中，遇到跟露露类似情形的人，并不在少数，但扪心自问，你的做法是怎样的呢？勃然大怒？痛骂一顿？报告老总……其实，这些都是非常不理智的做法。千万要记住工作中的一条警讯：“不要轻易得罪小人！”

与“小人”势不两立，不正体现了关系场效应中的“群体的减力作用”吗？只要不让怒火烧毁你的理智，很快，你就会想明白：“人之初，性本善。”谁也不是生来“小人”，“小人”一定有着“小人”的苦衷。与“小人”势不两立，结果，只能是损人不利己，而与“小人”为友，把他拉入自己的行列，跟自己向同一个方向划船，让船更快、更稳地向前行驶，实现“群体的增力作用”才是睿智之举！

龟壳效应：害人之心不可有，防人之心不可无

乌龟的背上永远都背着一个厚重的壳，这个壳不会对其他的生命造成伤害，但是，它却能很好地保护自身的安全。与人交际时，我们何尝不需要这样一个自我保护的壳呢？它既能很好地保护自己不受到伤害，又不至于伤到别人。其实，与人交际时，尤其对方是陌生人时，每个人都有自我保护的本能反应。这种正常的心理反应，在心理学上被称为“龟壳效应”。

俗话说：“害人之心不可有，防人之心不可无，万丈深沟终有底，唯有人心不可测。”也就是说，人生在世，不能有害人的心思，但是防人之心一定要有。因为即便是万丈深渊，也有个底，可是一个人的心思却是无法猜测的，正所谓“人心隔肚皮”，说的就是这个道理。

我们先来看这样一个故事：

从前有个农夫，因为一件小事和邻居结下了仇。这个人是个小心眼，老想找个机会向邻居复仇。可是他想来想去，也没有找到一个合适的复仇机会。为此他非常郁闷，终日闷闷不乐。

一天，一个智者路过当地，看到正郁闷地坐在自己家门口的农夫，便问道："你怎么这么不快乐啊？你有什么心事吗？"农夫回答说："邻居和我闹矛盾，我心里很生气。我想这个仇非报不可，可是我想来想去，都想不出好方法，所以一直都在生气烦恼。"

智者听了，哈哈大笑道："这很简单，我可以教你一种咒语，你只要学会了，就可以置你的邻居于死地。不过，要想让这个咒语见效，你自己必先死去。你愿意吗？我看你还是不要了吧，免得仇人未害，你自己却先死了。"

农夫已经被仇恨冲昏了头脑，他想让邻居立马死去，于是迫不及待地说："请你告诉我这个咒语吧！我报仇心切，只要仇人能死，我自己先死也愿意。" 智者把咒语教给了农夫。结果，农夫为了报仇，不惜付出了自己的生命，就在他的仇人死之前自己先死掉了。

仇恨就是这么可怕。所有的仇恨、所有的害人之心都有一个特点：那就是会在真正害别人之前先害了自己，可见害人之心不能有。

事实上，人际交往是相互的，而不是单向的；是长久的，而不是暂时的，如果与人交往只想着凌驾于别人之上，只想着踩着别人的肩膀，只想着谋害别人，那最终会害了自己。害人者是损人以利己，可能因为手段的高明和隐蔽，害人者能暂时达到目的，但是纸终究包不住火，这个世界上不会有永远的秘密，真相大白之时，也就是害人者身败名裂之时，这样的例子随处可见。可见，害人终害己。害人者在把别人推向危险时，自己是很难脱掉干系的。所以，"害人之心不可有"，不要对别人心存恶念，不要老想着怎么去害别人。

当然，害人之心虽然不能有，但是防人之心却不可无，我们已经说过，世界上最难琢磨的是人心，尤其是在竞争越来越激烈的现代社会，人心叵测，如果在社交的过程中毫无防备之心，那么我们就可能会被人害得很惨。

我们再来看一个小故事：

王先生单独旅行，在飞机上遇到一位投缘的乘客。飞机降落后，两个人一起下机，一起取行李。

在通过海关之前，那新认识的朋友对王先生说：“我的行李真是太多了，能不能麻烦您帮我拿一件。”

王先生心想，自己的东西反正不多，就一手接了过来。但是让王先生没有想到的是，那个行李包内竟藏着毒品。

接下来发生了什么样的事情，我们可想而知。王先生被海关人员以携带毒品走私的罪名逮捕了。

被海关带走的时候，王先生大声对着还在另一个关口接受检查的“朋友”喊，但是那新认识的“朋友”却说不认识他。

总而言之，“害人之心不可有，防人之心不可无”，说大了这是做人的智慧，说小了这是处事的心机。在人际交往的过程中，我们会遭遇各种不同的难题和事情，也会面对形形色色的人，但是不管怎样，我们都不应有害人之心，当然也不能毫无防备之心。

距离效应：别和口蜜腹剑的伪君子走得太近

在人际交往的过程中，最怕遇到伪君子。一旦你被虚伪之人缠上，就很难脱身。那些虚伪的人，往往“口蜜腹剑”，心如蛇蝎，他们只会把自己的幸福建立在损人利己的基础之上。因此，一旦遭遇虚伪奸诈的小人，请务必与之保持距离，千万不要走得太近。

人际交往的过程中，人们最怕遇到伪君子。一旦你被虚伪之人缠上，就很难脱身。什么是伪君子？一般来讲，伪君子专指那些表面正派高尚，实际上卑鄙无耻的人。伪君子的可怕之处就是他们往往让你在没有防备的情况下受到伤害。人们习惯用“口蜜腹剑”这个成语来形容伪君子。“口蜜腹剑”这个成语的出处正是和一个伪君子有关，他就是唐玄宗李隆基的兵部尚书李林甫。

论才艺，李林甫可谓是一代才子，他写得一手好字，画也画得很好，但他为人处世极其虚伪，在朝为官也只会一味迁就和迎合唐玄宗的意旨。不但如此，他还用些不正当的方法结交唐玄宗亲信的宦官和妃子。因此，他很得玄宗的宠信，一直在朝中做了十几年的官。

李林甫和一般人接触，总是在外表上表现出很友好，嘴里说尽所有可以说的好听的、善意的话。可是实际上，他的性情和他的表面态度完全相反，他是一个非常奸诈阴险之人，常常用坏主意来害人。

日子久了，周围的人便发现了李林甫的这种伪善，大家在背地里说他“口有蜜、腹有剑”，即嘴上甜甜蜜蜜，心中利剑害人。

像李林甫这样的人是非常可怕的，因为他们表里不一，若不小心，便会受伤害。所以后人便用“口蜜腹剑”来形容像李林甫这样的虚伪之人。

法国古典主义戏剧家莫里哀的剧本《伪君子》也成功地塑造了一个“伪君子”的形象，也可以帮助我们认识真正的“伪君子”：

巴黎有个富商奥尔贡，很受国王的赏识。他是一个虔诚的天主教徒，每次来到教堂，他都会遇到这样一位信士，他双膝跪地，专心致志，祷告上帝，时而激动，时而叹息，时而流泪，对上帝毕恭毕敬，末了，还要亲吻土地。每当奥尔贡离开时，那人总要抢先赶到门口，向他献上圣水。奥尔贡被他吸引住了。经打听，奥尔贡得知他名叫答丢夫。后来，奥尔贡把答丢夫接到了自己的家里。刚开始答丢夫还能事事当心，处处虔诚，可是时间一长，狐狸尾巴就露出来了——答丢夫实际上是一个奸诈小人，是一个十足的伪君子，他竟然把目光投向了奥尔贡的妻子艾耳密尔。

大家都对答丢夫很厌恶，唯独奥尔贡很信任他，他还准备将女儿嫁给答丢夫。一次，奥尔贡的妻子艾耳密尔想说服答丢夫放弃和女儿的婚事，答丢夫竟无耻地动手动脚向她求爱，说：“您的美貌是上天的奇迹，爱您就是爱造物主。如果说我有错，那只能怪您太美了。”后来，答丢夫用花言巧语骗奥尔贡赠送一半的财产给自己。面对金钱和财产时，他却虚伪地说：“财产我本不在意，之所以接受是怕被歹人乱用。他们分到这笔家私，在社会上胡作非为，但我心存善良，主要用于上天的荣誉和福利上。”

最后，艾耳密尔用计让奥尔贡识穿了答丢夫的卑劣行径。国王也下令把答丢夫抓了起来，把财产还给了奥尔贡。

可见，与虚伪的人走得太近的话，就好比是在自己的生活中埋下了一枚“定时炸弹”，随时随地它都有可能“爆炸”。等这枚“炸弹”最终“爆炸”的时候，受损的不仅是我们的财产，更是我们备受欺骗的心。因此我们一旦遇到虚伪奸诈的小人，请务必与之保持距离，千万不要和他们走得太近。

具体来说，保持何种距离为好呢？这便涉及心理学上的一个名词——距离效应。人们把一般情况下的空间距离与心理距离呈倒U形关系的现象称为“距离效应”。研究认为，在一般情况下，中等程度的空间距离最能令人产生心理的吸引效应，使双方交往融洽，而过近或过远的空间距离，都会使人产生心理的排斥或疏离的效应，使人际交往发生障碍。因此，我们一定要与那些口蜜腹剑的小人保持中等距离。

具体来讲，可以从以下五个方面入手：

第一点，千万不要因为正义感而独自公开揭发虚伪之人，虚伪的人从不认为自己奸诈，从来不会认识到自己的不厚道，他们敏感度高、眼锐如鹰、舌利如剑，一旦得罪他，我们将后悔莫及。

第二点，即使你很讨厌他，与他表面上也要过得去。和虚伪之人最好保持平淡的表面关系，千万不要亲密如友，因为他们口蜜腹剑，一旦翻脸，往往会让你措手不及，吃不了兜着走。

第三点，和虚伪之人说话要谨慎，客套寒暄即可。如果你和虚伪之人谈话的时候，批评或谈论别人的隐私，绝对会变成他们兴风作浪的把柄，或是作为日后报复你的筹码；如果他们批评或谈论别人的隐私，你要立刻中止，一句都不要听，因为无论如何，他们绝对会嫁祸给你——这就是小人心态！

第四点，和虚伪之人最好不要有任何利益瓜葛。如果你能从一个虚伪之人那里得到一点好处，那只能表明你在不久的将来会损失更多。因为他们必定要求加倍回报，你肯定会因小失大，得不偿失。

第五点，和虚伪之人交往的时候，吃些小亏也无妨，否则，不但很难讨回公道，反而可能会结下更大的仇恨。因此，和虚伪之人交往，能忍则忍，不要太过计较。